U0139993

未來
從現在開始

分潤、讓利、共享，
永旭保經以人為本的經營哲學

Profit Sharing, Generosity, and Shared Growth:
The Core Value of Yung Shiu Insurance Broker's People-Centered Philosophy

范國樑

—— 著

THE FUTURE
STARTS FROM NOW

推薦序
真摯的關懷，無私的分享

侯文成／友邦人壽總經理

身為友邦人壽的總經理，我在壽險業的旅程已經超過三十年，經歷了保險業的大風大浪，也親眼目睹了行業的起起伏伏。說實話，從進入這個行業的那天起，我從沒想過它能如此充實又充滿挑戰！

1990 年，我從南山人壽起步，一步一腳印地闖過無數難關。到了 2012 年，我加入了友邦，2015 年接任總經理，開始掌舵公司在台灣的業務。多年的經驗告訴我，無論何時何地，風險管理始終是企業穩步前行的指路明燈。

在我的職業生涯中，我有幸與許多行業領袖建立了深厚的情誼，其中一位值得一提的朋友便是范國樑董事長。

他創立的永旭保經，不僅在業績上成績斐然，企業

文化更是別具一格，成為業界津津樂道的典範。永旭的成功，絕不是因為運氣好，而是范董用心經營、務實領導的結果。這次，范董將他多年的智慧與實戰經驗集結成書，對我來說，不僅是一部寶貴的回顧，也是一部值得參考的成功藍圖。

與永旭保經的合作，可以說是互相成就的最佳範例。

永旭的理念一直讓我印象深刻，特別是范董常掛在嘴邊的「我的事業讓我享受人生」——這不僅僅是口號，更是真正落實在永旭的運作中。范董深信，只有讓同仁們因工作而充滿成就感，進而享受生活，企業才能持續發展，這也是永旭能在保經市場中脫穎而出的關鍵。

在保險業，大家都熟悉代理公司的佣金收入模式。但永旭保經與眾不同的地方在於，他們不僅是分配獎金而已，更是充分讓業務人員感受到公司對他們的重視和支持。范董清楚地將資源合理分配，將大部分的

獎金回饋給團隊，這不僅提升了士氣，也吸引了眾多優秀人才加入，讓永旭迅速壯大。

這本書，不僅是一本企業經營的指導手冊，更像是范董在多年來一路走來的心路歷程分享。對於保險業的專業人士來說，這本書提供了實戰經驗，能夠啟發讀者思考保經公司如何在競爭激烈的市場中立足。對於任何想要了解企業經營之道的人而言，這也是一本不可錯過的佳作。

「未來從現在開始」是范董長久以來的經營哲學，也是他對永旭保經未來發展的信仰。他堅信，只有透過不斷創新、分享，才能夠推動企業的長遠成長。這與我在友邦的經營理念不謀而合。我們都相信，企業必須同時注重風險管理和同仁生活品質，才能走得更遠。

我衷心推薦這本書給所有保險業的同仁，特別是那些渴望了解保經公司如何運作，以及如何在市場中脫穎而出的讀者們。永旭的成功，並非僅靠產品與服務，

而是來自於他們對夥伴們真摯的關懷與無私分享的精神。我相信，讀者在翻閱這本書時，一定能感受到范國樑董事長的深刻理念，並從中汲取到對未來發展的寶貴建議。

這本書，是對成功之路的深刻剖析，也是對未來充滿希望的美好承諾。

推薦序
從零開始到成功的經營哲學

涂志佶／華南產物保險董事長

　　在激烈競爭的商業環境中，選擇創業是一條充滿挑戰，而且需要具備十足勇氣的抉擇。尤其是在英雄輩出、競爭激烈的壽險行業中更是如此。

　　我與范國樑董事長相識於 2018 年，緣起於我們與永旭保經開始產險商品銷售的合作。在保經市場中，壽險產品一直是各保經公司最重要的業務主力，產險則往往被置於第二線。然而永旭保經在這一點上展現出了迥然不同的經營態度。

　　他們不僅積極銷售壽險商品，而且還在客戶有產險需求時，提供全方位的解決方案。華南產險有幸與永旭一起合作努力，提供相對應的商品來服務客戶，解決客戶問題、滿足客戶需求，一路走來華南產險除成為永旭保經最大的產險合作夥伴，我們也看到永旭在

范董事長及呂總經理的帶領下所展現的細膩經營哲學。我相信，這樣的信任與默契，也是未來兩家公司之間「魚幫水、水幫魚」的良好合作模式。

永旭保經草創初期並非一帆風順。在資金籌措、團隊建立以及市場拓展等方面都面臨了巨大挑戰。然而正是這些困難讓他們更加堅定自己的信念。范董事長、夫人淑儀、呂總經理齊心協力、全心投入，在這段艱困的旅程中展現無比的默契與團結，彼此分工合作、發揮所長，以誠信與專業贏得了客戶與團隊的信任及支持。

永旭保經近年來的成長速度令人讚嘆，華南產險身為合作夥伴，見證了他們在這幾年所展現出來的龐大動能。我想這主要歸功於范董事長所秉持「分潤、讓利、共享」的經營理念。在如此競爭激烈的行業中，願意透明且公開地將利潤分享給夥伴與員工，願意將資源與知識共享，這樣的胸襟與事業，實屬難得。書中對這樣的經營哲學有更深入的剖析，是值得保險從

業人員以及有志於企業經營的人參考的典範。

　　除了在商業上的成功，我們也看到永旭保經積極投入於慈善事業，成立「永旭希望工程慈善協會」，除捐款支持公益組織，還親自參與各類慈善活動，充分展現取之於社會、用之於社會的感恩精神。

　　我相信，在范董事長的領導下，永旭保經將繼續以其獨特的經營哲學，在保險行業中開創更多令人矚目的成就。

　　最後，我誠摯推薦這本書給大家。透過這本書，您將不僅看到一家公司如何從零開始到成功，更能領略到一位領導者如何以「未來從現在開始」的精神，帶領公司與同仁走向共創、共榮的美好前景。

推薦序
永續經營的成功紀錄

魏寶生／新光金控董事長

　　2004 年我擔任保險司長與局長期間，永旭保險經紀人公司申請設立、核准與開業。「永旭」乃永續之意，希望公司能永續經營，讓加入永旭的夥伴，都能成功永續經營、旭日東昇，持續保有自己努力的成果！永旭保經成立之後，我隨即於 2005 年離開保險局，未能進一步目睹永旭的經營績效；2023 年 6 月我加入新光人壽，才知永旭是新壽的重要通路夥伴，在保險業中，永旭早已執中介機構的牛耳地位，甚感欣慰！

　　永旭保經創辦人范國樑董事長與其夫人淑儀熱誠好客，曾為前宏福人壽核保理賠人才，奠定了兩位深厚的保險基礎。之後范董事長轉任業務體系，表現優異，具有核保理賠的經驗，更能發揮服務客戶的精神與功能。永旭保經總部設在高雄前鎮區，范董夫婦、副董

事長曾清德、總經理呂文雄與通路長邱錫玄如同家人，彼此分工合作，努力拓展業務，已在全國各縣市——包括澎湖和金門——設立營業部與分公司等據點，派駐專業經理人在地落實執行，並與總公司協調合作、推動公司政策，相互輝映。在范董的用心規劃以及照顧同仁如家人般的領導哲學之下，經營效率超高！難能可貴的是，范董不忘回饋社會，將經營成果捐贈成立永旭希望工程慈善協會，持續贊助社會公益慈善活動。范董及其團隊特別照顧救難與急救機構的幕後英雄，贊助其先進的軟硬體設施，以期防範災難及危險於未然，減少社會不必要的損失，可謂真正發揮了保險彌補損失的最高價值。

范董事長二十年創業有成的經驗，與經營公司的管理哲學，實有必要與外界分享，激勵後進。因此本人期盼本書留下二十年永續經營的成功紀錄，並勾勒出下一個世代，保險貢獻社會、創造安定與富裕的價值鏈！特著序推薦之。

永旭保險經紀人
YUNG SHIU
未來從現在開始

目錄 │CONTENTS

自序
踏出步伐，未來就有無限可能

范國樑／永旭保險經紀人股份有限公司董事長

　　每當有人問我，創業的過程是什麼樣的，我總會笑著說：「就像在沙漠裡種樹。」這個過程充滿挑戰、煎熬，甚至時常讓人懷疑，這棵樹是否真的能夠在這樣的環境中生根發芽。然而，正是這份挑戰讓我們成長，也讓我們更堅定信念，永旭保經就是在這樣的土壤中一步步茁壯。回到最初的時候，創立永旭保經並非一件輕鬆的事。

　　那時候，保險經紀人的市場環境尚未成熟，資源短缺、競爭激烈，我們必須面對的不僅僅是外部的挑戰，還有內部團隊的磨合與建立。每一步都走得艱難，經常是摸著石頭過河。可是，我們心裡都很清楚，這不是一場短跑，而是一場長跑；這不是一個人的戰鬥，而是一個團隊的共同努力。

創業初期，我們遇到了許多意想不到的難關。首先，最棘手的問題是沒有足夠的資源來獲得保險公司的認可。當時的永旭保經還很小，對保險公司而言，我們的存在幾乎微不足道，根本難以讓他們願意和我們簽署代理合約。因此，我們不得不付出加倍的努力，全體業務夥伴都明白，只有拚盡全力做出業績，才能讓保險公司開始注意到我們。

　　那段日子，每個人都肩負著巨大的壓力，但沒有一個人退縮。從陌生開發到業績衝刺，我們全心全力地投入在每一個細節上。團隊裡沒有人抱怨，反而更加團結，因為我們深知，這場戰鬥不僅是為了公司的生存，更是為了證明我們的價值。我們相信，只要努力做出成績，保險公司終將會看到我們的存在，並願意與我們合作。

　　但說來有趣，這段艱難的時期反而成了我們最珍貴的回憶。夜深人靜的時候，我們經常聚在一起討論市場策略、分享各自的看法，甚至在壓力最大的時候，

我們也不忘用笑聲來緩解氣氛。也許正是這份樂觀，讓我們能夠在困難面前找到新的契機。我們堅信，只要我們保持正向、保持信任，一切困難都能迎刃而解。

在那段時間，我們逐漸形成了三個核心理念：「分潤、讓利、共享」。這三個詞，雖然簡單，卻是永旭保經從創業到今天成功的基石。首先，分潤代表的是利益分配的公平與透明。我們相信，當每個人都能從公司成長中獲得應有的回報，便會自然而然地形成一種共同奮鬥的力量。透過合理的分潤機制，永旭保經吸引並凝聚了大批有才華的專業人士，讓我們能夠在激烈的市場競爭中穩步前進。

其次，讓利是一種合作的智慧。我們深知，與合作夥伴共享成果，創造雙贏局面，才能讓整個生態系統更加健康穩定。這種讓利的精神不僅強化了與合作夥伴的關係，也讓永旭保經能夠持續吸引新的合作機會。

最後，共享，不僅僅是在利益上共享，更是在知識、經驗、資源上的共享。我們始終相信，只有透過

彼此分享成功的經驗，行業內部才能互相學習、共同提升，最終讓整個行業更加繁榮。

這本書不僅是對永旭保經的創業歷程的一次回顧，也是對未來的展望。回頭看，我們從零開始，走過了許多不容易的路。但我始終堅信，「未來從現在開始」——這不是一句口號，而是一種態度。無論是創業，還是人生中的每一個決定，只要你從現在開始，勇敢地踏出第一步，未來的可能性將是無限的。

對於今天的永旭保經，我充滿了感激之情。我感謝一路上陪伴我們的夥伴們，無論是公司的業務、內勤，還是一路支持我們的客戶與合作夥伴。正是有了這些人的信任與支持，永旭才能夠從一個小小的團隊，逐漸成長為今天的規模。

而我更希望，這本書能夠給讀者帶來啟發，無論你是初入職場的新人，還是已經身處行業多年的老將，我相信永旭保經的故事，能夠激勵你面對未來的挑戰。對於那些與我們同行的業界朋友，我希望這本書能讓

你們更深入地理解我們的經營哲學。我們不僅是在追求利益最大化，我們更希望透過這樣的方式，讓更多人能夠享受到合作的成果，能夠在這個行業中獲得長期穩定的發展。

對於我們的業務夥伴與內勤團隊，我希望這本書能夠提醒你們，無論未來遇到什麼挑戰，未來從現在開始，每一個決定都能改變未來的走向，而我們所要做的，就是在每一個當下，堅定地邁出正確的步伐。未來已經在我們面前展開，我們將繼續以「分潤、讓利、共享」的精神，攜手共進，迎接更多的挑戰與機遇。我們相信，只要堅持這份理念，我們一定能夠在這條路上走得更遠，創造更多的傳奇。

感謝每一位讀者，感謝你們對永旭的關注與支持。未來從現在開始，讓我們一起，迎接更加光明的未來。

人物介紹

范董：

本書的第一號主角，本名范國檪，身高一米九，做人海派大方又重情重義，喜歡賺錢但是不會數錢，閒時也喜歡做菜、玩臉書（Facebook），平常的工作除了運籌帷幄做決策，其他就是吃飯、喝酒和交朋友，江湖人稱「佰玖哥」。

呂總：

本書的第二號主角，本名呂文雄，老爸是澎湖人，他出生在高雄，書讀不多卻口才很好，常常妙語如珠，自稱和孔子一樣，「吾少也賤，故多能鄙事」，後來也是在烏龍院和范董相識，成為創業永旭的一分子。因為愛台灣，所以喝酒只喝台啤十八天。

董娘：

范董的老婆，和范董在宏福人壽認識，任職核保科主管，不久之後就被董仔把走了，自此展開任勞任怨的賢內助角色，做事細心，做人體貼，是永旭的大掌櫃，負責張羅范董公私大小事，包括擔任司機的任務。

德哥：

　　本名曾清德，是范董在烏龍學院的同
門前輩，烏龍院散去後，轉去中興人
壽（後改名遠雄人壽），後來在永旭保
經成立半年之後和策略長莊正華帶兵加
入永旭，目前鎮守屏東，擔任副董事長一職。

錫玄：

　　范董在烏龍學院的同門兄弟，才華洋溢
只是有點臭屁，應徵時覺得像遇到詐
騙集團，只對門口把關的助理（佳瑋
美女）印象深刻，不久之後也加入永旭
的行列，任職通路長，負責產險與各保險
公司的關係，也是永旭希望工程慈善協會的總幹事。

佳瑋：

　　范董在烏龍院的同門弟子的助理，顏值
高、氣質好又深藏不露，後來范董離開
宏泰人壽時，順便把她拐去永旭企業社
擔任顧門口的助理工作，是永旭保經的
第三號員工，也是第一號美女。

大師兄：

張簡明德，范董的大學同學，也是在宏福烏龍學院的同修。精通會計、電腦、法遵、教育訓練……，目前在永旭擔任總稽核的工作。

郭爸：

又稱「校長」的郭文弼是逢甲大學企管碩士、華南師範大學心理學博士，也是經濟部工業局的顧問，擁有二十多年保險經歷，並在十年前選擇自傳統保險公司加入永旭保經，目前擔任業務長的職務，負責教育訓練以及投資型商品的講師培訓。

朗神：
劉明朗，永旭的執行長，同樣在 2014 年從同業加入永旭，和郭爸是烏龍院以外第一批加入永旭的悍將。擁有四張國家產壽險經代人證照，也是促成永旭大力培訓及支持業務員考經紀人證照的最大推手。

慧玲姐：
原傳統保險公司資歷二十五年的處經理，以年薪千萬的規格轉敘到永旭保經，和泉哥兩人，婦唱夫隨、合作無間，全省增員發展組織，是永旭人力大成長的重要關鍵，也是二代接班制度的最大推手。

第一章

緣起：

一群「烏龍院」出身的難兄難弟

「妳看啦，我嘸愛擱再吃人的頭路，我決定要自己來開公司。」

這已經是范董第二次向老婆淑儀提出要自己開公司當老闆的想法了，淑儀了解自己老公那標準獅子座的個性，深知再阻撓也沒有用了，不如改為支持他。

范國樑出生於高雄六龜的政治世家，是地方的望族。他的父親曾經任職農會總幹事及地方議員，開創了許多事業，版圖涵蓋營造業和航運業，母親在當地開了一家西藥房，育有三名子女，上有兩個姐姐，他是家中的獨子。儘管家境不錯，但他不愛讀書，只知道玩又十分調皮。媽媽對他是「愛之深，責之切」，所以范董從小也沒有少挨打過。

范國樑大學畢業後，曾在一家化工公司上班，但是他對這工作沒有興趣，無法全心投入。剛好在這時間點得知，剛成立的宏福人壽有理賠人員的職缺，他覺得保險業的發展還不錯，就應徵進入宏福人壽理賠科，擔任理賠調查的工作。在宏福人壽那段期間，不但認

識了一些未來打拼江山的好夥伴，也近水樓台地遇到他人生的另一半，也就是當時宏福人壽的核保科科長張淑儀。

圖 1-1　范董事長在保險公司時期曾榮獲多次業績競賽的會長頭銜，本圖是宏福人壽第三屆高峰會議會長。

范國樑剛進宏福人壽理賠部門的時候，薪水不過才 2 萬多元，自小就花錢不手軟的范董，這點薪水根本不夠他花，張淑儀回憶：「那個時候每個月賺不到 3 萬元，但他一個月花費 5、6 萬元，根本不夠用。」他發現業務員上班時間自由，業績好的人不僅收入高而且到處吃喝玩樂。低頭看看自己的薪水只有一點點，還常常被主管使喚來、使喚去，自認為自己的能力不只如此，

范董就決定從原本的內勤人員跳到業務部門。

圖1-2　與當年的宏福人壽董事長陳政忠合影。

到了業務部門後，喜歡業務工作的范董覺得被解放了，每天都早出晚歸到處找人聊天談保險。果然做業務的第一年，范國樑就拿到公司全國業績第一名，做到了高峰會議的會長，而且很快就晉升到主管的職務。在張淑儀的印象中，范董那時候第一個月的收入就超過30萬，有句俗諺：「籠雞有食空間小，飛鷹無糧天地寬。」正好印

圖1-3　初試啼聲就展露頭角的保險菜鳥。

證范董在宏福人壽業務生涯的寫照。之後范董又認識一些同公司像呂文雄、邱錫玄、俞挺富、曾清德等志同道合的夥伴，也增員了同學張簡明德及其他夥伴，跟著他一起加入壽險的行列。

可惜這種逍遙自在的日子並不長久，因為宏福人壽發生所謂的「烏龍保單」事件，這個因為精算疏失，而造成解約報酬率高達 15% 以上的大烏龍，卻有業務員以此作為推銷訴求，造成熱賣旋風。事後公司發現問題，且經主管機關介入要求停賣之下，宣布停售該張保單，但是卻來不及了，無法阻止業務員繼續販賣的行動，使得日後消費者與業務員、保險公司發生不少糾紛。這事件造成內部非常大的混亂，這些來自烏龍院的人員四處做鳥獸散，各自紛飛。

曾清德回憶當時一位業務員去拜訪客戶，一看解約金非常驚人便以此為訴求，客戶不多做考慮，當下就簽約，日後想加碼，這消息在業務員之間傳出後，這張保單便開始大賣，曾創下一天狂賣 27 億、宏福人壽

四十二天進帳 38 億台幣的紀錄，業務員幾乎是要保書寫到手軟。

但之後主管機關基於監管要保險公司停賣，並只准保險公司保留 3 到 5 億元的承保金額，其餘都要退還保費給保戶。曾清德說，他旗下擁有四十位業務員，那段時間大家幾乎都沒有時間做業績，全都在處理退保費這件事。由於「誰的保戶必須退費，誰的保戶不必」這事擺不平，導致業務員之間吵架，很多業務單位都因此散掉了。而曾清德則是帶了十幾個人，去投靠中興人壽（後來改名遠雄人壽），並且毛遂自薦當處經理。

而呂文雄則是先去了 A 保經公司，呂總回憶當初會去保經公司，主要是在保險公司不管商品好或壞，就只能單賣自家的保單。但如果在保經公司，就能賣多家保險公司的商品，客戶有選擇，商品比較好賣。

後來呂文雄又增員了曾在宏福人壽當過會長的范國樑，並推薦范國樑當他的輔導人。也就是說在保經

公司資歷較淺的呂文雄推薦范國樑當他的主管，這種「成功不必在我」的心胸，也成為永旭的文化。范國樑記得，在 A 保經公司時，他一個人帶領了兩個單位，范董是當時的處經理，呂總則是當時的區經埋，同一單位的還有范國樑的大學同學張簡明德。

俗話說，天將降大任於斯人也，必先苦其心志，在范董轉換跑道沒多久，這家 A 保經也出事了。主要是保險公司發給這家保經公司佣金的時間，與保經公司實際發放佣金給業務員的時間，有半個月的空窗期。保經公司的老闆就趁這空窗，拿著這筆錢去做其他的投資，等於是挪用了業務員的薪水。

後來因為投資失利，被挪用的薪水無法按時發給業務，老闆就改開三個月支票給業務員充當薪水，但是底下的業務員上有老、下有小，家裡也需要生活，大家需要的是能救急的現金，於是只好求助於自己的主管，希望能用支票向兩人周轉換現金使用，但周轉到了最後，范董跟呂總這兩位難兄難弟自己也撐不下去，

被迫各自紛飛了。

這個事件在范董心中留下很深的印記，暗暗立誓未來絕不讓自己的夥伴再遇到這樣的事情。

當時 A 保經公司的總經理找了一些高階主管成立另一家 B 保經公司，呂文雄跟著他們跳槽過去。不過范國樑已經開始有自己想要開公司、當老闆的想法，所以兩人只是私下保持聯絡，范董並沒有跟著跳槽去那家 B 保經公司。

自從宏福人壽的烏龍保單風波之後，多數人都還是待在保險領域之中，唯有范國樑經歷了一段浮沉起落的歷程。離開宏福之後，范董為了生活，應姐姐之邀開店賣奶粉。張淑儀說那段時間只有捉襟見肘、手忙腳亂可以形容，范國樑不只要顧店還要記帳，他不會算帳，甚至連找錢都還常找錯，所以每到月底時，自己倒貼錢是常有的事。

那段開店的日子，范董不但沒賺到錢，還常常找錯錢反倒賠錢。直到老婆生第二胎時，爆發了廠商賣假奶

粉的事件，經過新聞的大肆報導，范董的店成了 SNG
車直播的現場。張淑儀回憶起那件事，也很無奈地表
示：「那奶粉也不是我們進口的，而且出事地點是在
台南，媒體卻跑到高雄，拍我們加盟店的外觀，造成
客戶心生恐慌，當然也有很多人拿來退貨……。」

「妳看啦，我就是麥凍吃人的頭路，我決定要自己
開公司！」看著店門口的媒體記者和 SNG 車，范董打
電話給還在坐月子的老婆說著，這是范董第一次開口
要創業。

顧店的日子持續約一年左右，朋友笑說：「多虧
有老婆在養。」范董說：「幸好我還有一點續期佣金，

圖 1-4　與董娘白手起家，創業早期跑客戶，通常就是
騎著一部小綿羊，他說摩托車的機動性最強。

還可以勉強過活。」淑儀雖然知道老公有業務能力，但是以目前家庭收入來看，還是入不敷出，同時要為小孩子的奶粉錢傷腦筋，再三考量後決定出面拜託原宏福人壽的主管，請對方出面把范董增員進入宏泰人壽保險公司，繼續做保險業務的工作。

但是范董在宏泰人壽工作沒過多久，卻發生了個人業績已經達晉升主管標準，但公司因為利益考量不給晉升的事件。這是壓倒駱駝的最後一根稻草，范國樑再也按耐不住了，他很氣憤地又打電話向太太抱怨：「妳看啦，我嘸愛擱再吃人的頭路，我決定要自己出來開公司！」

張淑儀了解老公的個性，想要創業的血液已經沸騰，知道再阻撓也沒有用，因為他這次真的已經下定決心，所以反而鼓勵他、支持他，永旭企業社就在這個情勢下成立。當時坐在永旭企業社門口擔任助理工作的，就是現在永旭保經負責行政業務的副總葉佳瑋。佳瑋是宏泰人壽一位處經理的助理，范董覺得她辦事

牢靠，加上顏值爆表，所以決定把她挖過來顧公司兼聽電話。

　　剛創業時的范董非常努力，幾乎是「沒眠沒日」地工作，內心除了賺錢之外，也希望給家人一個溫暖和依靠的港灣。當時永旭企業社的營業項目非常多，從銷售生前契約，到道路用地規劃都有。范董說：「什麼死人骨頭的代誌攏嘛愛做，只要有錢賺就好……。」自行創業之後，經過好一段時間的打拚，公司漸漸開始賺錢了。

　　這段期間呂文雄又再度嘗試增員范國樑回 B 保經公司，只是被范董回絕掉了。范董解釋，他不想再回去是因為自己的個性，不想再吃人的頭路或靠行做生意，他希望自己出來創業當老闆。2003 年入秋的某一天，南台灣高雄的秋老虎發威，天氣十分炎熱。穿著快要磨平的皮鞋，腳底踩在發燙的柏油路上，滿頭大汗的呂文雄又提了一手啤酒來拜訪范董。這已經不是第一次了，是第五、六、七、八次了，只不過這次是

范董請他過來，而且這次還拜託他買了些滷味。

呂總一而再、再而三的拜訪范董，他們兩位對對方的想法都心知肚明，還在保經公司的呂總軟磨硬泡地就是想要增員范董，兩人就是「仙拚仙」的關係。由於范董在做道路預定用地規劃時，認識很多高資產的客戶，在保經公司的呂文雄又想找范董談合作。不過這次范董卻給了呂文雄幾張保經公司與保險公司所簽定的銷售代理契約，裡面詳細記載著保險公

圖 1-5　草創時期同仁報業績的路邊攤小酌，就是典型的「業務激勵會議」。

司給保經公司的經紀合約，以及獎金明細，這讓他們眼睛一亮：「靠，哪有這麼好康的代誌！」

呂總的爸爸是澎湖人，他在高雄出生，沒有雄厚的人脈，只有高職學歷。呂文雄表示他只有在保經公司擔任拉保險的業務工作經驗，從未看過保經公司與保

險公司的合約，他們既不知道什麼叫做「表二」、「表三」，也不知道什麼叫「服務津貼」，只知道「首佣」、「續佣」而已。

而范國樑也覺得，生前契約的單子再大，也不過就是 10 多萬。但是要忙上忙下張羅許多事情，還要瞻前顧後再三聯絡相關人員，精神上非常緊繃，不容有任何閃失，還要給喪家送花上香，感覺責任實在太重了。喝了兩瓶啤酒之後，兩人就開門見山地談，計劃拚一次的決心。也就是說，本來呂總要增員范董，但卻是被范董用一手台灣啤酒「反增員」，兩人決定一起合夥開保經公司。

一拍即合下，范國樑就與呂文雄共同成立了「永旭保經」。公司的名字沒有改，只不過銷售主力從生前契約改成了保險單。張淑儀說道，那時候兩個人沒有錢，不知道哪裡來的勇氣和只出一張嘴。開保經公司的錢，她先是向銀行借了 50 萬元，加上永旭企業社生意上賺的錢，范董再向開西藥房的媽媽借了些錢，

本來范董的媽媽還有一些疑慮，怕她的錢拿給不會理財的兒子，變成打水漂，經過媳婦張淑儀再三保證才勉強同意。

於是「永旭保經」就在高雄市新光路三十八號，租了一間四十六坪辦公室掛牌營業了。對於當天的場景，葉佳瑋記得沒有任何的開幕儀式，坐在辦公室裡面的，就只有一個董事長，一個總經理再加上自己一個助理

圖 1-6　葉佳瑋副總（中）是永旭的元老級人物，對永旭的奮鬥過程，點點滴滴如數家珍。

顧門口接電話，全公司總共三人而已。

剛成立時登記的資本額只有 500 萬元。范國樑出大部分資金擔任董事長，聘任呂文雄擔任總經理。不過呂總是范董的推薦人，所以是永旭公司天字第一號員工，輔導人是「永旭保經公司」。范董說公司執照是

在 2003 年年底送件申請，那時候保險司長就是現在新光金控的董事長魏寶生。由於當時保險司要改制成保險局並搬家，新公司執照一直拖到 2004 年 6 月底左右才發下來。所以如今，公司都是以 7 月 1 日為成立日。

公司開張後的半年，烏龍院出身的同門師兄曾清德從遠雄人壽帶兵來投靠，再加上范董的同學張簡明德、老戰友俞挺富以及邱錫玄，這些都是來自前東家烏龍院。在對如何經營保經公司「完全不了解」的情況下，永旭保經就這樣在范董和呂總的帶領下默默地開始營業了。不可思議的緣分讓這些前烏龍院的同門師兄弟在永旭保經另起爐灶了。

第二章

小屁孩行徑的草創時期

一、茶餘飯後的酸甜苦辣事

呂總回想當初兩人創業，被同業笑根本就是「小屁孩」行徑，因為那時的保險公司都只和大型保經公司合作。所以會出來開保經公司的人，基本上在保險業已經有一定的名氣了。只要找到金主，這些人出來開保經公司就很容易跟保險公司「對接」，只有他跟范董是初出茅廬什麼都不懂的小屁孩。

而且那時候兩杯啤酒下肚，被想要當老闆的心沖昏了頭，只看到表面上覺得保經公司怎麼這麼好賺，范董坦承：「完全沒有在算佣金率應該是多少才合理。」由於一開始什麼都不懂，他們就照抄其他保經公司的合約，只把發放佣金的

圖 2-1　校長兼撞鐘的創業精神，是范董 20 年來始終如一的工作習慣。

數字「再優化」而已。「就是哪一家保經公司的制度
比較好，我們就把佣金表寫得更高一點，也不管內容
如何。我們是業務員出身的人，沒有去思考成本的習
慣，本來想要緩一緩，只是頭已經洗下去了……。」
呂總也補充，他與范董「都是獅子座的個性，業務性
格強又敢衝，至少學會了『不懂就問』的大原則，反
正頂多就是丟臉而已，總比虧錢好。」

　　如今回想起來，在當初兩人「胡搞瞎搞」的情況之
下，公司居然還能維持下去，應該是「神蹟」，也許真
的是神明保佑。范董說年輕時，
從未想過有一天會自己創業當
老闆，而且是開保經公司。以
前愛玩又愛吃吃喝喝，大學時
期，跟同學喝酒之後還曾戲說：
「以後一定要開間海產店。」
這種以前天天在做白日夢的
人，現在要正經八百地把異想

圖2-2　親自下廚做菜請大
家吃飯，這是范董平常工
作之餘的樂趣。

天開的念頭變成真實，說實在話真的是意想不到。

　　永旭成立時，登錄人數不到百人，多數是范董及呂總原先底下帶過的業務員。因為人員少，保險公司也不願意與永旭簽約銷售該公司的保單。永旭為了因應有些客戶的需求，被迫只能採取跟其他公司策略聯盟的方式，銷售未跟永旭簽約的保單。但是這樣的方式，終究不是一家保經公司的正常經營之道，所以積極找願意相挺的保險公司簽約，就成了永旭成立初期的重責大任。

　　張淑儀記得，有一次永旭的一位客戶急著想買某家公司的保單，保費有 200 萬元之多，這在當時是非常大的單，可是永旭沒有與那家保險公司合作。范董急著想解套的辦法，還好曾清德副董認識那家公司的業推主管，並且得知他剛好生病住院。於是范董等一行人，就火速帶了一籃水果去醫院探病。也因為如此，永旭才能跟那家壽險公司搭上線並簽約銷售該公司的保單。

　　由於永旭當時是公司小、人數小、規模小的「三小

公司」，多數保險公司沒有意願與永旭簽約，業績自然上不來。也因為這樣，除了面臨商品來源受限之外，永旭也沒法拿到代理費（佣金）之外的獎勵。自然就會在增員上沒有吸引力，人力難以成長，落入「沒業績→沒額外獎勵→難以增員→沒業績」的無奈循環之中，這是小保經的宿命。

好在范董跟呂總兩人帶著幾位夥伴，一起努力衝業績。然而，經營一家保經公司的規模不可能只靠老闆自己做，一定要靠團隊。但呂總也心知肚明：「當時的保險市場裡，沒有人重視保經公司。優秀的保險公司人才，自然也不會願意跑到保經公司，更何況是一家名不見經傳的小保經公司。」所以，永旭一開始經營，幾乎是「摸著石頭過河」，只能邊做邊學習，成本相當高，可以說是做得很辛苦。

「因為我們當時還年輕，心想就算公司開不成還是一樣可以回去做業務，反正青暝不怕槍，天公也會疼憨人！那個時候只要公司有人收件，同仁們就在路

邊攤的海產店喝酒，相互打氣，激勵業績會越做越好。
總之，那個時候就是熱血，就是激情，就是相信自己
一定可以……。除了這些，就沒有了。哈哈！」呂總
笑著說。

圖 2-3　早期永旭保經的菁英表揚大會。

說起那一段辛苦的時光，由於高鐵還沒有蓋好，有
時要全省增員，范董買了一台二手的賓士，因為是很
舊的二手車，不但門常打不開，還常常半路「熄火」。
范董說買賓士車並不是為了炫耀，而是為了增員。常

把「豪華自己去增員，平凡自己去推銷」掛在嘴邊的他解釋：「如果要增員，一定要開進口車，開一台普通的國產車去增員，沒有人要理你。對方會認為，你自己都做不好了，若跟著你會有什麼好『錢途』？只不過那輛老賓士實在太不給力了，常常拋錨，也沒有太加分。」范董笑笑地說。

曾清德副董也分享了一則公司成立初期增員的有趣小插曲。有一次，范董、呂總、曾清德，一起開車去台東增員一位夥伴，那人的名字很巧地叫「高永旭」。一行人驅車前往，沒想到那台破賓士的排氣管，在開到屏東楓港時斷掉了。在行程緊迫的情況下只好任它一路冒煙地開到台東，才找到一間修車廠修理，因為煙冒得太誇張，修車廠老闆以為是火燒車，嚇到衝出來，千鈞一髮之際，叫車上所有人快逃，在一波三折之後，總算對車做了緊急處理，這時才有空喘口氣跟老闆交換名片，沒想到老闆看著名片說：「你也叫范國樑呦！」原來很妙的是，范董跟修車廠老闆都叫「范國樑」，

真是命運的巧合，在范老闆的巧手維修後，一行人總算順利地增員成功！

曾清德記得，那位被增員的高永旭，後來有進入公司，表現很好，一路晉升。不過後來為了宗教因素而離開永旭去做牧師了！

呂總表示，公司成立之初，增員工作是他跟范董一起負責。動員月會、對業務員上課、介紹商品等，則全都是他在處理。那段時間，他幾乎每天都是在不同的地方遊走，不是在增員，就是在增員的途中。經常會先從高雄飛到澎湖去講課，講完了又飛台北。

有一次，他在花蓮增員完，那天剛好是中秋節連假，飛往高雄的候補人數大爆炸。他只好先飛到台北松山機場預訂候補位後，再飛回高雄。怎知人

圖2-4　早期創業呂總披星戴月，馬不停蹄的背影。

算不如天算，加上計畫趕不上變化，天候不佳還有節日關係，當呂總的飛機再次降落到高雄，已經是隔了兩天的晚上八點多了。他說當飛機降落在小港機場時，他的眼淚都快要流下來了。但是，儘管當時公司經營如此辛苦，呂總仍不忘提起他自創的那句名言：「很多東西，你要認真，全世界才會當真！」

和范董及呂總相識二十年的凱基人壽經紀代部蔡宗學協理回溯了那段期間的辛苦：「別看他們現在公司很大、很漂亮，但他們也曾經過一段很艱苦的時間。」有時談增員，可能都談到很晚了，再加上隔天一大早有事，乾脆就不找飯店住，就直接在那台二手賓士車上睡。由於那時候公司不大，呂總平常的工作就是替業務員上課，並教他們如何賣商品。至於范董，則是一起去跟對方增員及談條件。兩人如此分工，持續了一段非常久的時間。

公司成立之後沒幾個月，范董就想增員在烏龍院早就認識的邱錫玄。邱錫玄說他清楚記得去到辦公室

時，看到裡面只有一個會議室，中間擺放著大桌子，牆壁上簡單地掛了一個白板，旁邊再有一個小小的泡茶桌。然後，就只有年輕的行政助理葉佳瑋在顧門口，沒看到半個業務員，讓他還以為「遇到了詐騙集團」。他笑說：「講好聽一點，是裝潢簡單；講難聽一點，就是家徒四壁的感覺，根本不像一家公司。」邱錫玄說他當時已經是保險公司的處經理，光是辦公室的排場，都比永旭還要大，怎麼可能去永旭？所以他並沒有理會范董的增員之邀。

呂總也表示公司初期之所以困難，是當老闆必須盈虧自負，而他們根本沒有錢增添辦公設備，連辦公桌椅都很克難，更別說裝潢了。他更進一步補充：「做業務員，我只要認真做事，有業績公司就會付薪水。但做老闆完全不同，光是辦公室裝潢及租金，就是一大筆成本呢。那時候我們不知道是哪裡來的勇氣。」

對於公司草創初期的窘況，張簡明德就形容，永旭第一年的員工旅遊是去花蓮，由他主辦。那時候還沒

有所謂業績達標才能去的要求，雖然號稱有一百多位業務員，但實動人數連一半都不到。記得那一次，包括兩位內勤人員總共三十多人參加，連一台遊覽車都坐不滿。

那次是三天兩夜的旅遊，每人的費用是 1 萬元，去時是坐飛機去，分別在悅來飯店、兆豐農場各住一天。那時候只要有業務員收到 50 萬元保費的保單，大家都會很高興地為他鼓掌叫好。對比現在一張保單的保費，動輒就是 1000 萬、2000 萬元，甚至還偶有單件保費上億元的保單，實在不可同日而語。

葉佳瑋說她還記得，永旭的第一次尾牙，是在「享溫馨」舉辦，所有的父老鄉親加上客戶總共才不過四、五桌的人參加。而 2024 年的尾牙，則包下了高雄萬豪酒店一整個宴會廳，席開一百八十桌，由於場地不夠大，主辦單位還必須限制報名資格，而宴會廳已經是萬豪酒店最大的場地了。對照今昔，差異真是天壤之別。

二、市場區隔：成功的聚焦政策

　　公司初期的確就是靠著快速學習同業成功的銷售模式，創造出還不錯的業績。那個時候，公司業務員的行銷夾全是出自於呂總之手，因為，他曾經在一家以「刻鋼板」著稱的保經公司待過。

　　所謂的「刻鋼板」就是：業務員要賣什麼商品？怎麼向客戶介紹？客戶拒絕時要如何處理？都有一定的教戰手冊。所以成立初期業務員所賣的保單，都是由呂總一頁、一頁刻鋼板式地講給業務員們聽，再請他們「聽話照做」，以角色扮演的方式照著演練。這樣的方式對業務員來說是相對容易。

　　由於范董認為，這種「刻鋼板」填鴨式的銷售方式無法持久，必須提升業務員的品質，他決定請專業的講師來教。真正讓永旭脫胎換骨的是：隨著投資型保單開始萌芽的時候，永旭開始跟保險公司配合銷售投資型保單。那時候永旭賣的投資型保單，一個月可有

3000、4000 萬元的業績。這個數字，對一家新公司來講，是非常令人驚豔的，讓永旭保經一炮而紅，奠定了南霸天的基礎。

呂總說：「帶單位做業績比較簡單，只要給舞台、找人才，就能達到業績的目標。」但是要經營好一家公司，才是比較困難的問題。「就算你一個人可以做 1 億元的業績，保險公司也不會跟你簽約。為了要突破當時找不到保險公司簽約的困境，永旭必須想出突圍的辦法，」他說。

呂總先是爬梳了一下市場狀況：那時候，全國賣傳統型保險，賣得最好的公司是哪一家？賣投資型保單最好的保經公司是哪一家？他們各自的優勢在哪裡？范董跟呂總也開始思考：「永旭業務部隊的價值到底在哪裡？」他們兩人做出總結：做事業很重要的就是「聚焦」的道理。

如果每一家簽約的保單都賣的話，力量將會分散，終將徒勞無功。所以，在考慮公司經營壓力之下，「聚

焦」成為未來公司的策略，也就是執行「市場區隔」的政策。兩人首先將「單小、保額不高」的醫療險排除在名單之外，也閃開主要競爭對手最擅長的儲蓄險，改挑當時整個保險市場還不重視的投資型保單。

邱錫玄記得，2004 到 2005 年那時候，台灣第一次出現「定存利率跌破 1%」的情形，因此催生了一群追求風險的投資大眾。那時候，台灣就開始推分紅保單及投資型保單。那時候的投資型保單，比較偏向訴求賺取資本利得，不強調配息。「只不過，賺的時候大家很開心，可是賠錢的時候會很慘。到了 2008 年、2009 年金融海嘯時，大家其實都賠得很慘。」他有感而發地說道。

當時永旭的主要對手是已經賣安聯人壽投資型保單賣到第一名的公司，在知道自己不可能受到安聯青睞的情況下，呂總選擇繞過安聯找全球保險公司合作，主推它們推出的投資型保單。呂總認為因為永旭策略成功，在全球的投資型保單業績中，賣出了很好的成

績。這才讓安聯及其他保險公司看到永旭保經的存在，也了解到永旭業務部隊的實力，終於讓各保險公司的獎勵方案進入永旭。

在打響銷售投資型保單的第一槍之後，永旭持續主賣投資型保單，但是由於一開始的順風順水而忽略了風險，悄悄地種下了永旭的經營危機。到了 2008年發生雷曼兄弟公司倒閉所引發的全球性金融海嘯之後，投資型保單成了市場毒藥，也就是范董所說的「之前的『業績』，開始變成『業障』了」。

三、開始發展：從挫折中學習成長

1. 危機（一）：投資型保單「女業務員保證收益」客訴事件

在 2008 年底，正當投資型保單隨著全球金融市場大漲而水漲船高時，大家都沉醉在這一場景氣復甦的饗宴中，且永旭也賣得紅紅火火的時候，似乎也忘記

了什麼叫風險。一場百年難得一見的金融風暴悄然形成。輕忽風險的存在讓不少大意的投資人措手不及，遭受巨大的損失，也讓銷售投資型保單的永旭保經，面臨開業以來的最大經營危機。

其實任何金融商品都一樣，包裹著糖蜜的外衣，但同時都有著不同程度的風險，投資型保單也不例外，這對於有在投資的消費者，自然都懂。所以只要讓投資人清楚了解風險自負，就不會有太大問題。然而壞就壞在：有少數不肖的業務員，打著保證收益的方式，來賣盈虧自負的投資型保單。

葉佳瑋解釋，在投資型保單問市之前，業務員普遍賣的都是二十年期繳的傳統型保單，保單預定利率都是固定的。但隨著預定利率逐漸調低，保險費逐漸提高，投資型保單隨之興起。而投資型保單的遊戲規則和傳統保單完全不同，當時業務員對於投資型保險十分陌生。有些業務員還是用銷售傳統保單的方式，拿假設性的投資績效與銀行定存做比較。而當全球投資

的標的大跌、投資出現虧損的時候，客戶就無法接受，不是打到公司抗議，就是直接向主管機關檢舉及申訴，說這種保單根本不是他們當初要買的。

其中，重傷永旭最大的單一個案，就是某位原本在銀行擔任理專，後來進入永旭的女業務員，在澎湖當地用「保證獲利」的訴求銷售投資型保單。由於那時負責監理投資型保單的主管機關並沒有要求錄音或錄影，業務員是否在銷售過程中不當銷售，抑或是客戶因不堪虧損而反咬業務員一口，雙方各執一詞，也很難有真憑實據。因為客戶認為是業務員亂賣保單，但她又不想賠客戶，所以只好歸罪於公司的訓練，客戶便會轉而要求保險公司退還保費。

而在保險公司退還客戶保費之後，也會進一步向業務員「追佣」，就是要把之前領的佣金還給保險公司。只是，當業務員承認有「不當銷售」，並把責任推給「永旭教的」，企圖將責任推到永旭保經這裡，目的就是規避賠償的責任。

葉佳瑋表示，永旭在內部教育訓練的時候，即再三強調不能以「保證」、「利息」這些內容作為銷售的話術，更不可能會說有「保證獲利」這回事。但是，仍會有些業務員為了方便銷售，或許便宜行事，或許專業不足，仍舊用賣傳統預定利率保單的方式在銷售投資型保單。

范董回憶起那時候，保險局裡負責此案的主管，把永旭保經、銷售的業務員及投資型保單的人壽公司的主管統統找去，第一句話還問說：「奇怪？我們之前怎麼都沒有聽過永旭……。」這是主管機關和永旭的第一次接觸。經過協商評議之後，保險局做出「保經公司及業務員各賠一半」的裁示。

范董回憶起這件事不禁感慨：「我們公司等於是戰到最後一兵一卒。」所有客戶我們都很負責任地去處理，如果客戶想轉換保單或是繼續持有，我們也都尊重他們的決定，向他們告知風險，並請他們簽名，確認我們負責與承擔的誠意。還好天公疼憨人，永旭勇

於面對、勇於承擔，卻也博得客戶和保險公司的好感。

為了解決那位女業務員用「保證收益」銷售投資型保單的爛攤子，除了解除該業務員的合約，並追究相關責任外，范董還特別派了當地出身的高階主管，親自跑去女業務員亂賣投資型保單的「重災區」——澎湖，負責處理當地所有的糾紛案件。

被范董委以重任的俞挺富營運長，親自去澎湖偏鄉各島許多趟，協助處理客戶糾紛，他每個月去澎湖一次，看天氣狀況，一次約待上兩到三天，每次約八到十位客戶。由於客戶不只散布在澎湖本島各地，有些地方在離島就

圖2-5　「投資型保單事件」，代表公司到澎湖協調善後的富哥「俞挺富」。

必須坐船過去，氣象不佳的時候，常常還一邊在暈船嘔吐，一邊聽客戶訴苦，只覺得頭昏腦脹，可以說是

非常辛苦。

　　俞挺富說，其實他很能體諒鄉民的心思單純，所以都會先讓客戶紓發一下不滿的情緒，之後他才會對客戶解釋各種處理方式的內容，並向對方展現出「想要解決問題」的誠意。俞挺富總共花了約八、九個月的時間，才把所有案件處理完。到最後，有些客戶選擇解約，有些選擇理解，有些則是轉換成傳統型保單……，只有其中極少數的客戶，因為剛好去跑船、沒遇到，不過因為永旭有誠意解決問題，也贏得澎湖鄉親的信任。

　　俗話說「福無雙至，禍不單行」，在公司發生銷售投資型保單客戶糾紛，以及與女業務員互告事件之際，市場上又傳出永旭經營發生危機，以及范董個人身體健康出現問題的不實傳聞。這些謠言傳得沸沸揚揚，不過范董也不想辯解，因為只有最接近他的人才最清楚其中的狀況。

　　范董的太太張淑儀，考量家中財務狀況，還是需要

有固定的收入,所以在公司成立時,並沒有選擇進入永旭。後來因為處理棘手的澎湖案子,范董承受了很大的壓力,她便離開原本人壽公司的工作,進入永旭接手處理法務的事情。期間,她還陪負責的主管到澎湖,跟客戶面對面地協商。回想起那段時光,張淑儀說除了要處理公司的事外,范董的媽媽剛好也生病,沒多久後就過世了,等於范董同時面臨著內外交迫。然而,她認為她老公很厲害,並沒有因此而被擊倒。「范董是獅子座的,很耐打,不會放棄,也不會輕易認輸。」她說。

儘管女業務員「不當銷售投資型保單」事件,讓剛開始成長的永旭保經,捱上一記重拳,然而,范董從正向的角度來看,反倒具有兩大重要意義:首先,永旭保經在面對糾紛時,並沒有選擇逃避,或是完全撇清關係,反而是用最大的誠意,積極地面對及處理問題。其次,永旭並沒有因為這次挫折,就害怕銷售投資型保單,反而是日後在風險控管上更加注意,這些經驗

值也給永旭在銷售投資型保險更大的底氣。范董指出，到 2024 年 9 月底，永旭保經光是賣保險公司的投資型保單，一個月約有 15 億、一年近 200 億元的業績，卻很少發生申訴案件。

2. 危機（二）：禍起蕭牆的股東出走事件

2008 年金融海嘯導致雷曼兄弟倒閉事件的遺害，一直到 2009 年底才終於全數搞定。雖然讓剛起步的永旭受到極大的衝擊，不過在高層齊心努力，還有董娘加入穩定軍心下，事情總算也是一件一件地解決。然而，在永旭上上下下好不容易可以喘口氣時，又發生了股東出走事件，給還未站穩腳步的永旭再一記重拳。

對於那位股東的出走事件，葉佳瑋的印象就是：原本那些業績好、常常進辦公室的人「雄雄就不見」了。內勤人員也形容，那群人根本是「連招呼都不打，無聲無息地就突然離開了，比陌生人還像陌生人。」這根本就是背叛。不過范董評論那時的出走事件，是有

其特殊的時空背景因素。當初公司規模真的很小，公司能夠給他們的資源也不多。他們當時成立的是盈虧自負的營業處，而不是營業部。公司陷入危機時，這些人當然會想：「既然成本是我自己付，我為什麼要挺你？」

儘管當初都有無償配股給對方，但范董笑笑地表示：「其實股份那種東西，你沒有賺錢，給他多少什麼都沒有用。畢竟業務員打江山，要的除了名之外當然就是利，所謂『有名有利，才有動力』。但是我們當時草創之時沒有利基，又遇到投資型保單賠償事件，的確也沒有能力給他們更優渥的條件。」

而從小就看過大風大浪的呂總，覺得那次出走的危機根本不算什麼，在保經公司人走人留很正常，只是他在想，重感情的范董內心深處可能會感嘆：「我是把他當成兄弟，他為什麼要挑這個公司風雨飄搖的節骨眼落井下石？」呂總的「翻譯」就是：「五個字，真心換絕情。」

「既然要離開就離開啊，我們先檢討自己，怎樣可以做得更好，讓留下來的人不想離開。」呂總語氣堅定地走到范董前說道：「董仔，嘸要緊，我來挺你。這批人走了沒有關係，我可以找更多的人來。」這句話也給予范董最實際的支持，范董再也忍不住掉下了男兒淚！

就張淑儀的觀察，范董當時心裡面應該是滿苦的。因為那位股東是公司第一位副總，更是范董非常力挺的夥伴。所以不論對公司或對重情重義的范董來說，都是很重的傷害。當時業績好的業務員，幾乎一半以上都離

圖 2-6　台北車站發的最後一班列車，再加一個簡單的漢堡，是出外打拚呂總的日常。

開了，也導致永旭的業績幾乎掉了近一半。但是，公司的租金、水電等固定成本卻維持不變。

安聯人壽副總經理巫世偉回想：「受到那起股東出

走事件的影響，永旭的高階主管全部被迫減薪。因為如果不減薪，公司可能會維持不下去。那時范董跟呂總的薪水很低，所以他們來台北時，幾乎都是我請吃飯，想要喝酒就到路邊攤海產店喝六瓶 100 元、快要過期的台啤配花生……，哈哈！」

台新人壽保經代業務處副總甘立帆也還原了那一陣子他跟范董、呂總互動的場景。他說范董那一陣子喝酒的感覺也不太一樣，有一次范董甚至眼眶泛紅感性地說：「我每天這麼拚、這麼挺兄弟，為什麼這些人這樣子對我？」他一時想不到用什麼樣的言語來安慰這個身高一百九十公分的大哥，不過，坐在一旁的呂總馬上補一句說：「幹！查脯仔驚啥？我來挺你，咱擱再拚啊！」

走出這次的出走事件之後，永旭高層檢討並痛定思痛，後來採取「單位營運成本由公司負責」的營業部模式，以及「股東結構更趨簡單」、更加「落實分潤、讓利、共享」的理念。而且兩人都有這樣「驚啥？咱

攔再拚啊！」的體認，呂總說：「我們都是非常樂觀的人，就算公司經營得辛苦，我們沒有停下既定的腳步，因為我們這些烏龍院的師兄弟，都有獅子座不服輸的個性。」

之後的幾年，永旭好像生了一場大病，內憂外患夾殺之下一直沒賺錢，幾乎每年都在做現金增資。兩次事件導致公司經營的成本變高，更遑論獲利了。加上那時幾位出走的對手在外頻頻放話說范董「缺錢」、「亂搞」，進行一些負面攻擊，其目的就是想讓永旭這家公司一次就毀滅。對於接二連三的打擊，張淑儀雖然不捨先生的辛苦，但他們仍然以積極的態度說道：「就算心情低落，生活總是要過的嘛。他也不能因為這樣而被打倒，總是要想辦法讓公司再起。畢竟，我們身上也肩負很多員工家庭的責任。」

圖 2-7 路邊攤簡單的一碗米粉羹，也是呂總工作日常的一餐！

范董說自己有一個優點便是：「自己絕對不會坐以待斃，或是放著擺爛，一定會面對問題並且全力解決問題。」那群人走後，就在外放話說永旭「A他們的續期獎金」。實情卻是：離職的那些人續期保費沒繳，讓公司的繼續率降到只有七十幾趴（%），保險公司沒有發繼續率獎金給永旭。范董表示：「我還是自掏腰包補繼續率獎金給那些沒有跟著走的業務同仁，還向他們講清楚繼續率獎金的發放標準。」在留下來的人慢慢了解之後，這些流言才不攻自破。

所謂：「在哪裡跌倒，就要在哪裡爬起」，女業務員亂賣投資型保單事件，以及2010年的「股東出走事件」，對日後永旭的發展也有正面的影響。首先，讓永旭日後在銷售投資型保單時，更為小心謹慎。其次，重要股東的出走，也讓公司知道如何去照顧底下的員工及業務同仁。

這些事件慢慢平息之後，呂總全心投入工作，范董又想盡辦法借款增資到1000萬，之後幾年范董也都是

為了公司的生存年年進行現金增資。由於公司上下齊心，得到更多保險公司的力挺，公司才逐漸開始賺錢，增資都是靠盈餘轉增資，才不用再自己掏錢出來了。

據了解，那位出走股東出去之後，先是成立一家保經公司，但沒多久那家公司也開始分裂及再分裂，現在已經跟其他保經公司合併。當時那位股東還把自己無償拿到的股份在市場上兜售。最後，范董用每股200元的價格向他買回。范董還很自豪地說：「如今，永旭10%的股權，恐怕連1億都買不到了，前後價值真的差太多了。」

呂總也不禁感嘆：「許多經紀人公司的高層，都在爭來爭去，爭什麼？不過就是爭利潤、爭老大，就這麼簡單而已，但很多人都不知道，經營這個事業，沒那麼簡單。只要高層或股東吵架，就會導致公司分裂，到最後不是合併，就是收起來。」他更語重心長地說：「說實在的，做朋友、做兄弟比較簡單；但是合夥做生意，還真的沒有那麼簡單。」

呂總說道：「經過這些事件之後，我們知道應該如何去處理『人』的問題，因為我們不是一開始就一帆風順，都要從失敗中得到教訓。只要記取教訓，再調整，再精進。」呂總口氣堅定地說：「以後對於叛徒就是清除，不是你死就是我活，畢竟生意場上是殘酷的，我們必須為挺公司的同仁負責，對背叛的人只能打仗。」

第三章

壮大階段：
「造舞台，找人才，給資源」

一、打斷手骨顛倒勇

　　經過這兩次事件連續的打擊，永旭有好幾年的時間，都在療傷及等待時機的階段。成立十週年的永旭保經，雖然在南部已經有一些名聲了，可是人數才剛破千名的永旭在全國還是小保經公司，想要吸引優秀的人才必須再確認未來的發展方向，經過范董、呂總

圖 3-1　十年前加入永旭還是很清澀的模樣，現在已經是帶領數百人、年收入破千萬，並且擁有國家考試保險經紀人證照的林美緣營運長。

圖 3-2　永旭通過 ISO 9001 品質管理系統輔導驗證。

兩人討論，決定了「造舞台，找人才，給資源」的策略目標。

　　為了「造舞台，找人才，給資源」的策略目標，范董開始像獵豹一樣尋找人才，2014 年起永旭實施優化制度 2.0，透過公司的 E 化，加強內稽內控機制，從單一保險公司找來劉明朗、郭文弼及林美緣三位台灣人壽的大將，導入 ISO9001 認證，再由郭文弼業務長負責成立講師團，全力朝大型保經公司的目標邁進。

2018 年永旭再度實施優化制度 3.0，隔年 4 月從三商美邦獵來業務大將王慧玲，目前是執行長的重要職位。當有戰力的業務好手持續加入後，永旭的業績就整個又向上提升一層樓了，人力已經倍增到近三千人，永旭保經的知名度和能見度逐漸被市場重視。也因一批又一批的人才進來，再進一步提升永旭的戰鬥力。

從 2019 年開始，永旭已經嶄露頭角，從各家單一保險公司聞名前來投靠的業務精英，進公司後，業績的成長速度十分驚人，許多人都成為「千萬收入俱樂部」的成員。透過持續全省增員的方式，加上永旭不斷優化的制度，營業部也如雨後春筍般地冒出來。只要是有企圖心的人，公司就會導入「造舞台，找人才，給資源」的策略，讓永旭的戰力增強。從 2019 年中到 2024 年 10 月，永旭的人力從三千五百人竄升到七千人的規模，業績更是數倍翻，而這也才是永旭最近幾年能快速竄升的原因。

二、規模大到連保險公司都不敢忽視

永旭的業務員人數越來越多，其中最大的原因就是在永旭可以賺到錢。在保險的戰國時代，優秀的業務員就像傭兵，哪裡出的價錢高，提供的武器（商品）好，他就到那裡效命。永旭保經網羅很多單一保險公司的高手，包括國泰、富邦、南山、三商美邦等大型保險公司，這些公司的業務主管對永旭根本是恨之入骨。甚至，還有一家大規模的壽險公司，因為有一批主管投靠到永旭，還片面停掉與永旭保經的銷售合約。

有一位業者也苦笑說：「現在幾乎沒有保險公司敢這樣做了，因為永旭的規模大了，不和永旭做生意，簡直和公司的發展過不去！」他更直言：「過去，保險公司有類似的做法，不過他們也知道趨勢所在，業務員一定是利之所趨，不只為了自己，也是為了客戶。所以保險公司也只敢對小型的保經公司開鍘，卻不敢對大型保經公司怎麼樣。畢竟，大保經公司能替保險

公司帶來龐大業績，保險公司非但不敢得罪，還是得想辦法打好關係。」

范董分析，在某家大型單一人壽的業績來源中，單單永旭一家公司，就占了該公司全體約三百家保經代通路業績的四成，且在近三年，永旭都是該公司業績銷售的第一名。特別是 2021 年，經由永旭所銷售的投資型保單，更突破了 100 億元的新契約，是亞太地區的第一名，而 2024 年則預計可以做到 180 億，持續朝 200 億的目標前進。過去與此家公司合作過的經代公司中，從來沒有一家，業績有超過 100 億元的。

遠雄人壽多元行銷通路何京玲副總說：「全世界，大概只有台灣的保經公司可以做出 100 億的規模。這 100 億的新契約已經是一家中型保險公司一年的保費收入了。單一家保經公司，一年可以創造出這樣的業績，那真是台灣保經公司的一大傳奇，」她非常佩服地說道。

有業者將永旭的成功簡單歸因為：「永旭保經就只

賣安聯人壽的投資型保單啦。」但他們不清楚裡面相關的細節。曾經陪伴范董一起度過永旭低潮的安聯人壽巫世偉副總直言,很多保險公司在問:「如何能把永旭保經的動力複製到自己的公司來?」巫世偉認為,制度可以抄,但是范董個人的人格特質無法複製,他們只看到永旭突然從一間小公司變成大公司,卻不知道他所做的努力,巫世偉一邊舉著酒杯,卻停杯以嚴肅的語氣說:「范董大器的個性,以及他知道如何從『錯中學』的功夫,才是永旭越挫越勇的原因。」

如果以為永旭只會或只能賣投資型保單,那可能就真的誤會大了。根據台新人壽甘立帆副總表示:「2023年,永旭是台新人壽保險公司所有通路中,業績第一名的保經公司,其他的公司包括產險公司也是第一名。」他說美國聯準會在 2022 年第一季開始升息,大環境不利於利率變動型保單推展的時候,永旭能把這種傳統的利變型保單賣到第一名,這實在是很了不起的事。

以永旭保經一個月近 20 億的業績為例,雖然投資

型保單就占了 13、14 億元，但還有 6、7 億元傳統型商品的業績。而台灣其他中小型保險公司的業績，甚至有些一個月也做不到 1 億元。所以永旭幾乎同時貢獻了台灣六家中小型保險公司的一年業績。況且永旭保經在銷售利變型壽險保單，一個月可以做 3、4 億元，幾乎就等於一家中型保險公司所有商品業績的總和。所以甘立帆副總認為，現在的永旭，已經是一家「不容任何保險公司小覷或忽視的保經公司」。

永旭成立初期的確是賣投資型保單或是短年期保單為主，但在最近這五、六年，它慢慢轉型到長年期的保單。這跟永旭「海納百川」的人才策略有關，因為從 2019 年以後，來了許多原先在單一保險公司的推銷高手，這些業務員過去已經習慣銷售長年期保單。也就是說，除了投資型保單或短年期保單外，永旭還有一群人，是喜歡賣傳統型保險的。他相信，只要這些人才多了，市場的客戶多元化了，估計永旭的總體業績還會再往上成長一波。

第四章

成功之道（一）：
海納百川，人才匯聚

在了解永旭從 2019 到 2024 年人力倍增，從三千五百人到破七千人的原因之前，必須先了解整個保險行銷市場的趨勢，保經公司已經逐漸取代單一保險公司的進化過程。簡單來說，正是因為這個趨勢發展，才提供了永旭趁勢崛起的絕佳環境。

市場趨勢可以分為「推力」和「拉力」。簡單來說，「推力」就是保險公司把業務員往外推的力量；「拉力」則是保經公司吸收業務員加入的力量。會選擇進入保經公司的人，其推力是原保險公司已經無法再提供成長的條件或是空間了。不管原因是只能賣自家公司的保單，或是公司僵化的晉升和考核制度，都會讓資深業務員做到最後產生無力感，如果無法解決這種無力感，就會有不如歸去的感覺，這個就是推力。

至於拉力，則是保經公司已經是時勢所趨，對業務員來說，保經公司的優勢就是沒有生產保單的壓力，沒有資本適足率的增資壓力，也沒有配合公司主推商品的壓力，而可以自由地選擇適合客戶的保單。客戶

有選擇的權利，保單自然就容易成交。業務員在保經公司不必背負保險公司的包袱，發展就輕鬆多了，這就是拉力。

一、市場關鍵趨勢（一）：推力

有關推力的趨勢變化有兩種，一是客戶端對於商品的需求多元，另一則是保險公司業務端的制度改革。

首先從客戶端對於商品的需求來看。近年來，保戶的需求已經有所改變，不管是老主顧還是新客戶，單一保險公司的商品不夠多元，已經無法滿足他們。因為保險市場已經慢慢在轉變，客戶的需求有很多種，怎麼可能只跟某一家保險公司買？有些精明的保戶，甚至可能自己從網路搜集資訊，做完比較就叫業務員來「收單」。也就是保戶指名要買哪幾張保單，只是叫可以信任的業務員來簽約而已。如果業務員還在單一保險公司，只能賣自家的商品，就會眼睜睜地看著

自己的客戶逐漸流向保經公司。

蔡坤宏營運長以自身曾在龍頭的金控公司經驗提到，他選擇到永旭是因為待在原公司就只能賣該公司的保單，「客戶都一直捧場，也滿手都是我前

圖 4-1　111 年千萬年薪俱樂部首席蔡坤宏營運長。

公司的保單，就算客戶信任我，也很挺我，但如果客戶有保額問題或是體況有限制，甚至是客戶有更好商品的選擇，而我卻無從提供，這樣子我怎麼對客戶交待？」他說。

在龍頭的金控公司都已經有如此的感受，更何況是在一般的保險公司？在單一保險公司近三十年，卻在六十歲前選擇裸退、加入永旭的謝清輝營運長，也認同未來的保險業務發展一定走向「產銷分工」的路。保險公司負責商品的開發、製造和客服，保經公司則建立通

路系統，把各家保險公司的優缺點提供給不同需求的客戶，以滿足客戶的需求，這是保險通路的趨勢。

「我在保險行業超過三十年，與客戶建立互相信任的關係也超過三十年，信任感與專業度是無可取代的優勢。但是單一公司提供的商品，在推銷的時候客戶也不免猶豫，難道全台灣的公司，就只有自己公司的商品最好嗎？」謝清輝營運長表示。

圖 4-2　在單一保險公司超過30 年歷練，轉戰到永旭保經的謝清輝營運長。

客戶有比較、選擇的權利，當自家公司的產品沒有競爭力的時候，業務員再也不能充滿自信地推銷保險商品，剩下就只能弱弱地說「服務比別人好」或是「我們的交情不一樣」……。難道公司不知道，做生意不能光靠交情？業務員要能夠提供服務的前提就是必須

要先把商品給賣出去！

在保經公司可運用的武器就更多了，不管客戶需要什麼樣的保險，都可以透過業務員的專業與經驗，搜集市面上各家保險公司最好的商品，提供給客戶最好的選擇，這才是稱職的業務員所應該做的。

其二：關於保險公司端制度的部分，主要就是業務員面臨「考核」與「降級」的壓力已越來越大。然而，「保險公司考核」對業務員或主管所產生的壓力，衝擊的層面更廣。也就是說，有些主管既會怕自己業績不好，或是增員不力面臨到考核，也可能擔心底下的人太強而成為獨立單位，讓自己因為通不過考核標準而「降級」。

以永旭兩位新生代的資深副總黃安慶和邱奕瀚為例，他們都來自單一保險公司，也努力晉升到主管的職位，卻在傳統公司被「人」和「商品」卡關了！

2020 年來永旭的資深副總黃安慶，就在原公司面臨自己業績和人力規模可以成立營業處，但原主管不

願簽字，因為如果他「成處」，就代表要把他的團隊帶出去，另外開一個新的通訊處，這也是許多年輕人奮鬥的目標。可是他的主管原先具有職場負責人的位階，就會被降為一般的主管了，這是一般有考核制度的保險公司常常會遇到的兩難問題。

除了「考核」與「降級」的壓力，也會有公司的商品停賣，讓保險公司業務員面臨生存的困境。例如2019 年來永旭的資深副總邱奕瀚，正是因為前公司的醫療險賠率過高，將其最具市場競爭力的住院醫療險停售。他說自己因為年輕欠缺人脈，推銷保單時只能幫客戶努力比較商品，也靠著這張保單在增員。而在那張具有市場競爭力的保單停賣之後，他與他的夥伴全都陷入銷售及增員的困境之中。

二、市場關鍵趨勢（二）：拉力

拉力的發生，則是因推力的趨勢改變而起。例如：

能賣多家公司保單，迎合保戶需求的「保經公司」，對上只能提供單一公司保單、對舊保戶已經沒有新商品可賣的「保險公司」；不考核、不降級的「保經公司」對上要考核、有降級壓力的「保險公司」，兩相對照，高下立判，保險公司就註定失去優勢。也就是說從現在起，保經公司將取代保險公司，逐漸成為保險商品的主要通路商。這個可以從壽險公會統計歷年保險公司和保經公司的業務登錄人力消長圖表中明顯看出來。

　　且更重要的是：業務員在保經公司的佣金會比保險公司高出許多。因為保經公司並沒有保險公司的包袱，佣金可以直接下放。例如保險公司有提存責任準備金的包袱、投資績效差的包袱、有應付主管機關資本適足率不足而需要增資的包袱、商品銷售必須達經濟規模的包袱……，而保險公司的這些成本都將會轉嫁在業務員的佣金上。

　　強調「資訊的落差，就是利潤之所在」的呂總就解釋：「同一位業務員，賣同一家公司的同一張保單，

對客戶都是一模一樣，但是保經公司給的佣金和保險公司就相差非常大，這就是同工不同酬。想要找回人生的發球權、有能力的業務員，都知道想要賺錢到保經公司賺得比較多。」

從事保險事業二十多年，范董跟呂總一直相信賣保險是一份終身的工作，他們選擇自己開保經公司，完全是因為「制度」使然。因為在保險公司，銷售業務員只有單純的佣金（表一）可領，根本沒有「表二」等額外獎金。如此一來，儘管跟保經公司業務員「同工」，但卻完全「不同酬」，也就是領到的佣金差很多。

更重要的是，保險公司及保經公司的制度不同，直接影響的可不只是保險公司業務員本身，也有可能影響到客戶的權益。因為保險公司的業務員，沒有「表二」、「表三」等可領，為了業績他們有可能去「擠件」，也就是將件數集中或是調整在某一個月份，透過衝高「初年度銷售佣金」（下稱 FYC）的方式，以通過保險公司的考核。然而有時客戶趕著要買保險，業務員

做這樣的「擠件」，就會影響到保戶該有的權益。

　　儘管保險業務的趨勢發展，有以上的拉力及推力，但國內保經公司家數眾多，為何業務員們都願意進入永旭保經？除了范董個人的特質之外，永旭特有的讓利、不考核、無限代制度，絕對是重要的關鍵。友邦人壽總經理侯文成認為，保經公司逐漸成為主流趨勢，而永旭也抓住這個機會，趁勢崛起，再透過永旭的業務制度不斷優化，不斷升級，佣獎再加碼，以此吸引一批又一批的業務高手加入。想要一探永旭的成功祕訣，下一章我們就從永旭的經營哲學談起。

第五章

成功之道（二）：

永旭的經營哲學

永旭今日能吸引到各路的英雄好漢共同打拚，並創造出如此亮眼的成績，有許多關鍵因素的配合：例如聚焦策略、專注本業經營、重視風險管理、股權集中且股東和諧、員工薪資信託、站在第一線服務、二代傳承等等。

一、聚焦才能讓員工賺到錢

　　同業對永旭保經的第一印象是家專賣投資型保單的公司，因為在永旭成立初期，正值台灣保險利率下降，傳統型保單式微，投資型保單崛起的階段。永旭因應市場需求順勢而為，採取聚焦策略，主賣全球人壽的投資型保單。賣到第一名的成績之後，其他保險公司的獎勵才進到永旭，也讓永旭有更多資源可以用於公司的發展。

　　業務性十分敏銳的范董深知「聚焦」對於永旭初創時的重要性，必須把有限的財力及人力放到市場的主

流上。但是目前永旭已經有能力銷售各保險公司的主力商品，范董只要負責把好的商品及好的福利引進公司，業務人員會按照自己的專業判斷，選擇適合客戶的商品。

從「在商言商」的角度來看，公司要為所有的員工找出路，哪裡有利於公司的發展，當然就往哪裡走。要「順勢而為」，更要「乘勝發展」。現在市場的主流是什麼，我就賣什麼。這原本就是很合理的事。更何況，保險是無形的商品，它給生老病死提供解決方案，客戶需要什麼，業務員就有義務提供最好的商品給客戶。

保險的意義與功能在解決人因為生老病死而產生的問題，所以醫療險、長照險、防癌險、意外險等傳統型保險當然是非常重要，但從經營的角度來看，如果保經公司就只賣醫療險、意外險，業績是很難變大的。更何況台灣的保險市場經過三、四十年的發展，一般民眾都有很好的保險觀念，也累積了許多高資產的人，而這些人對於資產的「累積」、「運用」與「傳

承」更加重視。投資型保險因為兼具投資與保險的功能，以及具有保障與稅賦優惠，提供給高資產客戶一個解決方案。當然，這樣的趨勢也給專業的保險經紀人創造了更多的商機。

永旭在 2024 年前三季做了 124 億，大幅領先其他保經公司，原因就是起步很早，而且曾在投資型商品跌了一大跤，范董記取了這次慘痛的教訓，而從中得到發展的養分。其他的保經公司可能沒有這樣的經驗值，目前第二名的保經公司只有 32 億的業績而已，第三名那就差更遠了。以去年安聯人壽的產值而言，第一名的永旭保經所創造的業績，超過第二名到第九名保經公司加起來的總和。

為什麼永旭在投資型保單的銷售成績如此亮麗？答案很簡單，就是商品適合客戶的需求。范董認為，只要是當紅的保險商品，業務員都會去了解。至於哪家保險公司提供的商品或者是獎勵制度對業務員最有利，我們就去爭取，大家各司其職。例如：業務員賣

圖 5-1

圖 5-2

各大保險公司提供給永旭績效加碼津貼，永旭包裝成為激勵員工的利器。

薑單是沒有業績獎金的，但是永旭有。那是永旭業績的貢獻度高，呂總會替業務員爭取保險公司合約內更多的福利。

保險公司與保經公司簽的獎勵合約是看業績額而定的，例如：保經公司賣 1000 萬和賣 1 億元的業績，那後面表三、表四的加碼獎金就會不一樣，只做幾千萬元業績，是沒有差額獎金可領的。假設做 10 億，是

2%，做百億則是 4%，2% 跟 4% 就差了一倍的合約內的超額達成獎金，可見規模經濟的重要性，而永旭的策略就是採規模經濟的策略。永旭保經公司拿到保險公司合約內的超額達成獎金，就可以將這些多出來的獎金發給業務員，這就是「分潤」，就是分享利潤！

范董強調，永旭的策略是「達成銷售的門檻，把餅做大，以提供業務夥伴更好、更多的獎勵，包括『財補』（即財務補助）與『旅遊』。這樣子公司才有能力掏錢出來跟業務員一起分享，」他說。保險公司喜歡說到做到且契約品質優良的保經公司來服務廣大的潛在客戶，自然就會給更好的合約條件讓利；保經公司喜歡有戰鬥力的業務員，自然就會分潤；客戶喜歡專業認真的業務員，自然就會購買。從歷史來看，投資型保單慢慢取代傳統型保單，保經公司慢慢取代單一保險公司，這就是保險的生態循環，符合達爾文的「物競天擇」理論。

代表公司與各保險公司洽談福利及佣獎的呂總，寓

圖 5-3

圖 5-4

保險業務所謂：「有名有利才有動力」，業務員把保險公司的獎勵化成實際的業績和收入。

意深長地表示：「以我和各保險公司合作二十多年的經驗，這個行業是『助強不助弱』，沒有什麼雪中送炭，只有錦上添花，所以我們一定要秀出實力。因為跟我們簽約的通路主管也要跟公司交待，他們只能助我們一陣子，不能助我們一輩子。」所以永旭一開始的策略，就是先聚焦、區隔市場。有了效果之後，資源才會進來，公司才會慢慢成長。形成「有業績→有額外獎勵→好增員→好業績」的良性循環。這就是管理學大師詹姆‧柯林斯（Jim Collins）著作《從A

到 A+》（*Good to Great*）這本書中提到的飛輪效應。

隨著公司的人數更多，業績也更好了，現在就有了外溢效果。如此一來，呂總這邊就有更多的籌碼，跟保險公司洽談更好的合約條件，也回饋給業務員更好的佣獎及旅遊計績倍數，基本上就算是我們的「主力商品」。也就是說，當某一公司提供的商品對業務員佣獎好、對客戶的福利好，就會吸引更多同仁去銷售，這樣的氛圍形成，就能夠發揮出人才磁吸的效果。

二、重視風險控管

永旭在早期銷售投資型保單時栽過跟頭，公司遭受到很大的損失，范董記取教訓，對於投資型保單的教育訓練非常重視。所以現在賣投資型保單，保險公司會主動打給客戶外，永旭也會主動打電話給客戶，確認「是否了解投資型保單的風險？」、「是否有受業務員慫恿貸款投保？」另外范董還請保險公司的稽核人員，到永

旭來教導如何做稽核。在銷售投資型保單會出現什麼問題，我們要事先預防，不只是符合主管機關的要求而已，更要提升業務人員的專業知識，並且加以內化成為警覺意識，以保障購買投資型保單的客戶。

圖 5-5　策略長莊正華見微知著，從細微之處著手，擬定公司的發展策略。

　　因此永旭接受林中盛執副的建議，把「經紀人責任險」拉高到新台幣 1 億元，把保經公司的風險透過保險機制轉移到保險公司，也要求成立「投資型商品講師班」，做好教育訓練、避免發生問題。畢竟公司在草創時期受的苦難，不能再來一次。何況現在公司的規模變大了，更不容許有一絲一毫的差錯。「有了這些預防措施，公司創造再多的業績，我都不怕了，」范董說。

　　以永旭目前一年投資型保單就有 160 多億元的業績，但幾乎沒有客戶申訴案，究其原因便在於：永旭

保經已經和保險公司磨合出一套共同的風險控管機制了。具體的內容包括以下兩點：

1. 主動請保險公司的總稽核，來教永旭內勤「做好稽核動作」。

2. 請負責規劃商品的保險公司對於有疑慮的客戶主動做電訪。

一般保經公司的老闆並不會這樣做，因為站在客戶的角度，這就是擾民，站在業務員的角度則是擋人財路的行為。但是范董會堅持：「我們寧可犧牲一點業績也要跟客戶說清楚講明白，因為以長治久安的觀點，這樣反而是保護業務員及客戶。永旭也希望透過這樣的過程篩選自家的業務員。」范董說我們可以知道自家業務員，有沒有「玩件」的行為。有一些不肖的業務員，客戶購買投資型保單，會再要求客戶保單貸款再買另一張保單。他們就是透過這種「以單養單」的方式，拉高自己的業績量及佣金收入，但是這樣一來客戶的風險就被堆高了。

永旭可以看到各保險公司的報表，假如公司發現某一業務員，以這樣模式報件，公司會勾稽，請他寫報告並且加強電訪或生調。對於來「玩件」的業務員採取這種方式，讓他有所警惕。如果再不知難而退，最嚴重的方式就是停止他報件，把風險阻隔於公司之外。

當然，拜保險公司提供數位化監控系統的功勞，永旭才能預先查知相關的問題，以便對於不當的銷售行為提早預防。因為站在經營的角度，如果這些客戶申訴，要事後追佣，有些業務員已經跑了。「所以，透過保險公司數位化的預防偵測系統，在還未出事之前，就先發現可能的問題，並進行防範措施。」范董說。

安聯人壽巫副總說：「永旭曾因 2008 年金融海嘯時期，業務員不當銷售投資型保單造成公司的虧損，現在更懂得風險控管。所以永旭在投資型保單裡不當銷售的比率是相當低的。而且永旭也是第一家，只要客戶有進行保單貸款，就會主動打電話給客戶的保經公司。」

因此安聯人壽也配合永旭，最早實施若客戶出現買

第一張投資型保單 A，然後用 A 保單去貸款買第二張
B 的玩單行為，就對客戶進行「生調」。生調是保險公
司為了了解被保險人可否承保、以何種條件承保，或
是為了排除有道德風險及逆選擇者投保，而對被保險
人實施的各種調查。如果客戶再貸第二張保單 B，去買
第三張保單 C，公司的處理方式就是「不收件」，這樣
的動作就證明安聯對於保單品質的重視。

　　巫副總說他想要以同樣的方式用在其他的保經公
司，可是某些保經公司卻打電話來抱怨。他笑著說：「其
他保經公司不一定願意這樣子合作。因為其他保經公
司認為，這個動作繼續下去，恐怕業績就會縮了。」

　　信任是金融機構長治久安的關鍵，也是企業百年大
計永續發展的基石，企業經營不要害怕出現問題，害
怕的是沒有能力控制、預防。從以上的實例可以了解，
范董在風險管控上，已經在極力想方設法，要求自己
也要求保險公司的核保品質，不虛假、不灌水，以實
事求是的精神追求永旭保經永續發展的能力。

三、把資金投入人才及設備，建立信任、和諧、
　　共好的幸福企業

　　對於要不要往大陸發展？范董闡述了他的看法：保險這個行業，是以「人」為本的行業，不是當地出身，不是喝那邊的水，別想和那邊的人競爭。尤其中國大陸的法令比台灣還複雜，而且人治色彩濃厚。大陸有句很流行的順口溜：「說你行，你就行，不行也行；說你不行，就不行，行也不行。」范董笑笑地說：「所謂強龍不壓地頭蛇，我是台灣囝仔，在這裡發展最重要的是把公司顧好，員工顧好，老婆顧好，家庭顧好，身體顧好，先不想這些有的沒的。」

　　在永旭經營逐漸步上軌道之後，還有什麼是范董願意花大錢投資的項目呢？范董說就是「人才」及「設備」。以下幾則小故事，和大家分享。

　　業務長郭文弼在 2015 年底登錄在永旭，由於隔年初就是農曆春節，他先跟董事長打預防針說：「我來

快兩個月了，都還沒有做業績。」但范董卻不假思索地回說：「業務長，你不用擔心這個啦，我們那個總經理來那麼久了也沒有在做業績啊！」聽到這話，郭文弼說他當時對范董這種「機智、會說話，以及體貼人」的智慧感到非常佩服。

他強調：「董事長不是不重視業績，只是他不會在言語中給你任何壓力，而且讓你聽起來感覺很溫馨。」郭文弼認為范董的這些語言，並不是刻意偽裝的用詞，全部是很自然地流露。他是很自然地回答你，沒有經過一番思考就脫口而出，這就是他有智慧的地方。

連秀雯營運長剛來永旭時，她的辦公室是在樹林，離台北市還有一點距離，上班往返很浪費時間。經由郭文弼

圖 5-6 擁有保險經紀人、保險代理人等國家證照的連秀雯營運長。

向范董反應，范董便立刻在板橋弄好一個六十多坪的辦公室，並成立「新北營業部」。那時，他還提醒范董「目前只有三個人要來這裡上班喔……。」結果，范董居然回他：「沒問題，就像我投資你一樣，她們三個人，將來也有可能變成一百個人。」如今，連秀雯營運長底下已經有六、七百位夥伴。

黃安慶說他剛來永旭的時候，由於前東家對他有很多的攻擊，最後他只帶了兩位夥伴過來。因為增員出現困難，黃安慶在永旭的前兩年，都苦於沒法達到公司的考核標準。有一次，范董剛好來台北幫其他單位談增員，順便找他一起泡茶、聊天。

黃安慶想跟范董報告目前的瓶頸，但他話還沒出口，范董就先問他：「安慶，有沒有什麼問題？」他就順勢跟范董報告：「我覺得增員沒有我想的那麼順利……。」黃安慶說他永遠記得，當時范董很親切地跟他說：「你要用我啊，我很好用耶！」他跟范董說：「老闆，我目前並沒有大咖可以給你面談，如果是類

似主任或襄理階級的人，可不可以？」范董說：「可以啊，由你來約！」於是有一天他就約了五位的主任，由范董親自坐下來泡茶，與他們面談。結果談完後，這五位居然全部都報聘了，成為營業部的基底。再隔一年，安慶就超過永旭營業部的考核標準了。

不僅對外勤的同仁，范董對內勤人員也是非常照顧。記得好像是 2018 年，范董和通路長邱錫玄在辦公室泡茶聊天。泡著泡著范董就跟他說：「今年要給助理加薪 3%。」邱錫玄說：「好，OK 啊，但是你為什麼突然間想到要給助理加薪呢？」錫玄心裡想說公司今年又沒有賺錢⋯⋯。范董突然無厘頭地冒出一句說：「你看，雞蛋價格都漲成這樣了，那些助理能怎麼過活？」

這些例子說明范董不只是對人親切，有溫度、沒有架子，也能體諒一般人的辛苦。和范董共事超過二十年的行政副總佳瑋說：「平常他吃到什麼好吃的，也會分享訊息給大家，有時還會包回來辦公室請大家吃。」

值得一提的是，永旭的助理幾乎每年都在加薪，新進助理的起薪都已經是 3 萬元起跳了，而且做滿一年的助理每年都享有一次國內和一次國外免費的員工旅遊，可以說是幸福的企業。

圖 5-7　喜歡美食的范董要是知道網路上有什麼好吃的，也會買來請內勤的同仁。

事實上，范董這種「服務人」的心態，不但時時身體力行，也貫穿於公司活動的運作上。例如業務長郭文弼，就舉了 2024 年 5 月舉辦的營運長級的旅遊為例。由於是早上七點多的飛機，五點前就要到機場，尤其是住在中南部的營運長們，可能半夜兩、三點就要出門。

但是公司的安排就非常貼心，在搭機的前一晚先安排住在桃園機場的飯店，而且還舉辦晚宴招待大家。隔天請工作人員做好前置準備，其他人可以睡到五點起床，再直接坐捷運到機場辦理登機手續即可。這就是很貼心也很有溫度的安排。

圖 5-8　　　　　　　　圖 5-9

不管是吃火鍋，或是吃海鮮，隨時隨地都可以看到范董為大家服務的身影。

另一個服務人的畫面是在和員工聚餐的飯局上，常看到范董親自幫同桌的人分菜或分哇沙米（wasabi），當烤雞上桌時，他就戴著手套幫大家分。類似這樣的

圖 5-10　范董說：「我的服務是既快又好，別人很難取代我！」

事，不要說一間公司大老闆不會這樣做，就算是一個部門的主管，恐怕也很少見。但是范董做來，就非常駕輕就熟，不像只是臨時做做樣子。范董俏皮地說：「就算是有人想要取代我恐怕也是沒辦法，因為我做得就是比較快、比較好。」

　　除了敢於投資人才和辦公室設備之外，范董在教育訓練，以及幫助業務員銷售的工具上，也是毫不手軟。例如范董對於前線，不論是辦公室資源，或是電腦資訊系統的投資，是絕對不手軟的。尤其在公司已經有獲利

的情況之下，不斷地投資、精進設備，使員工能夠用最先進的武器，一直在前線攻城掠地，讓永旭的業務部隊成為保險市場令其他保經公司羨慕的特種部隊。

范董說：「我和呂總都不是來當老闆的，我們是來提供服務的，來幫忙業務員解決問題的。」我們要學習別人的優點，對於業務發展有優勢的東西如果別人有，我們當然也要有。所以當業務員覺得，需要保單健診的軟體，公司就會編列預算去買保單健診的軟體，供所有的業務員使用；當業務員反映需要聘請助理，協助掃瞄要保書，永旭也立刻詢問行政主管葉佳瑋多久可以搞定？「我的想法很簡單，後勤人員及設備要好，不能成為業務的豬隊友，我們將後端的服務做好，業務員的問題能夠解決，當然對公司的向心力就會更強。」他說。

四、股權集中、組織扁平、決策快速

永旭的行政效率很高，業務員都很有感，其中有一個重要的原因就是永旭的股權很集中。范董直言，股東多，意見就多，做起事來綁手綁腳，關鍵的事就做不起來。他說有些保經公司的董事長跟總經理的股份，都只各占一點點，每次開會前都要先「聯合次要的敵人，打擊主要的敵人，這樣的內耗對業務員，包括內勤員工其實是很不公平的。」

永旭的股東結構非常單純，其中范董和呂總占大部分，剩下的三位股東只占小部分，公司的重要決策，大都只要范董說好了就算數。范董強調：一家公司想要成功，股東不能太多人。像當年從永旭出走的股東後來之所以「再分裂」，就是因為大家股份都一樣，每次開會就會沒大沒小，然後問題不是再研議，就是吵吵鬧鬧、一事無成。

呂總說：「讓利需要的三大條件就是：公司要夠大，

業績要夠好，老闆要捨得。」但是最重要的還是老闆們要捨得。呂總特別強調，當股權越分散時，一旦公司決定要分給員工更多，就代表股東必須少拿，如此一來，大老闆可能會永遠擺不平。「假設公司有十位股東，老闆就要打十通電話。我講實在話啦，投資就是要追求最大獲利，如果各有盤算，要如何讓他們接受少拿這件事？」

因為范董和呂總兩人就包辦了大部分的股權，也是業務員出身，性格上又很大器，想法很容易和業務員一致。而其他股東也相信范董的大器與無私是符合公司的最大利益，因此就會讓「分潤」、「讓利」這些看似損及股東利益的事情，在永旭更容易貫徹實行。

事實上，股權集中還有一個好處就是：決策明快。例如：永旭最近才購買的北高雄地標，高雄長谷頂樓五十樓的辦公室。像這樣重大的決策，其他公司要等股東開會決定，但在永旭只要范董說要買，呂總沒有意見，就算是拍板定案了。永旭保經的作業效率快速

到什麼程度？范董跟呂總就舉例：「新光人壽的人來與永旭談獎勵案，他們人還未回到高雄公司，永旭保經的獎勵辦法公文，就已經由行政副總葉佳瑋打好發出去了。」

圖 5-11　總公司的一景：看似市儈俗氣的保經公司，在永旭也有充滿了人文氣息的裝置藝術。

「天下武功，無堅不摧，唯快不破」，對於自家公司處理即時獎勵效率非常自豪的范董，也進一步補充道：「這速度堪比影片《功夫》中的火雲邪神，國內應該沒有保經公司可以跟我們比。同一個獎勵案，別家保經公司談了三個星期，尚需『高層』同意，我們在二十四小時內，公文就已經發到全省各營業部了。」

有這樣超高效率的原因，就在於范董和呂總都站在第一線，重視業務發展的需求，而別家公司則是層層往上報。「我們公司的業務，都是呂總說了就算，我

們相互信任，不會去過問。我就認為這是他負責的事情，就算他問我，我也會請他自己處理就好。」

呂總強調，雖然公司有各式各樣名稱的幕僚長，但他們僅提供想法，「重要決策還是由范董和我做決定。范董和我隨時隨地都和業務站在第一線，業務主管有問題就直接找我們。這些看似明快的決定，其實是我們掌握了足夠的訊息，謀定而後動，並非魯莽決策、草率行事的行為。」

執行長劉明朗表示：「雖然范董制定的政策，也是要得到其他股東的決定與支持。但是呂總、曾副董，或是其他股東也好，都非常尊重他，所以公司的決策才能夠很快速。而一般公司，董事長、總經理的重要決策都要交由股

圖 5-12　把高鐵當捷運的劉明朗執行長，本身擁有四張國家保險經紀人、代理人證照，是永旭推廣經紀人及代理人證照的最大推手。

東會進行決議，效率自然會差很多。范董的人格特質就是『相信』，這就是他的優點，也是我一直在學習的地方。」

　　某壽險公司的總經理，就曾跟呂總說：「我都不喜歡找別家，因為別家公司都很囉唆，但永旭只要范董跟你說好，一切事就都搞定了。」因為其他家公司都需要層層報告，沒有人可以當場做決定，變成曠日廢時，不僅浪費時間，連時機都錯過了！

　　也因為永旭保經的決策快，在增員過程中，發揮出驚人的吸引力。精力充沛、活力十足的范董求才若渴，每次的增員都會在餐桌上直接面談，然後當場拍板決定。范董的想法就是：「給人才一個機會，只要

圖5-13　我的工作就是造舞台、找人才！

人才敢提條件，就先給了再說！」因此許多永旭的夥
伴回憶，當初決定要來永旭的最後臨門一腳，就是在
於「老闆當場說好就好」。范董的個性就是「賭一
把」，賭什麼呢？就是賭他的眼光，也賭給年輕人一
個機會。范董很有自信地說，只要他面談過的，很少
看走眼的。

　　最有名的例子就是 2019 年來到永旭的執行長王慧
玲，她表示，讓她加入永旭的臨門一腳，的確就是因為
范董可以直接拍板定案。她回憶起她與范董的第二次見
面，她提出了三項需求：協助業務後勤支援的 AI 機器
人、組織發展必要獎勵措施的名額，還有考慮工作上，
必須常搭高鐵，必須有一個臨近高鐵站的辦公室。

圖 5-14　　　　　　　圖 5-15

永旭引以為傲，協助業務後勤支援的 AI 機器人。

　　王慧玲甚至直接跟范董說：「如果這三樣，能在隔年 1 月 1 日前做到，我就會到永旭報到。不然，我就可能再找別家公司。」當時已是該年底的 11 月中旬，等於只給范董一個半月的時間執行。讓王慧玲沒想到的是，只過了一個月的時間（約 12 月中），范董就拿著做好的 AI 機器人跟她說：「慧玲姐，妳愛（台語：要）的，是不是這個？」而且，也在高鐵出口站附近，幫她弄好一間一百二十坪、附全新辦公家具的辦公室。而當時包括王慧玲在內，只有四個人而已。

圖 5-16　永旭引以為傲，協助業務後勤支援的 AI 機器人。

相對於王慧玲所接觸的另一家保經公司，由於該公司還有分屬北、中、南各地區的副總。副總之上，還有更高的主管，最後才會到最高決策階層，等到答案確定下來，那大概已經不知道是何年何月了。王慧玲被范董的誠意感動，當然也是投桃報李，本來想要優雅地過半退休生活的態度，卻因此更加努力地投入工作，目前的大體系的人力已經超過一千九百人了。這就是范董的賭，賭對方的能力，也賭他看人的眼力！

遠雄多元行銷體系副總何京玲分析道：「公司的組織層級越多的時候，當下面的人要增員，而對方想要職階掛高一點，或是利益想要多一點，光這些決定還要經過兩、三層，最後才會到最高層的老闆，其效率就會慢很多，這也是為什麼永旭是范董跟呂總兩人走到第一線去幫助增員的原因。」

更何況要建置一個職場，不管辦公室要租或是要買，動輒就是幾百萬，甚至上千萬的投資。若不是老闆層級的人出面，是不可能馬上決定的。若要層層上

報，自然就會曠日廢時，而機會也就稍縱即逝了。現在保險市場上只要有一組優秀的人才釋出，馬上會有保經公司想爭取，一旦決策慢了，人才就沒了！

五、大量使用自媒體的保經公司老闆

曾獲頒廣播金鐘獎最佳節目製作人獎的何京玲副總，以她曾在媒體廣告業的資歷描述，永旭還有一個成功的因素，是范董透過臉書創造了一個增員平台，由范董親自操刀。范董很愛在臉書上貼文，坦率、直白且大鳴大放，是第一個把自家業務員的收入貼在臉書上的老闆，告訴別家公司的業務員，來永旭比別家多賺多少錢。她認為這是非常直球對決、一刀見血式的宣傳。

范董就曾在 2024 年下半年旅遊競賽開跑沒幾天，就在臉書上貼文如下：

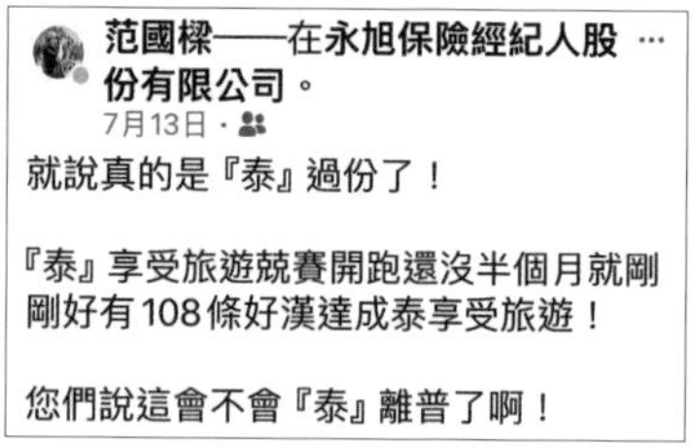

范國樑——在永旭保險經紀人股份有限公司。
7月13日 ·

就說真的是『泰』過份了！

『泰』享受旅遊競賽開跑還沒半個月就剛剛好有108條好漢達成泰享受旅遊！

您們說這會不會『泰』離普了啊！

圖 5-17

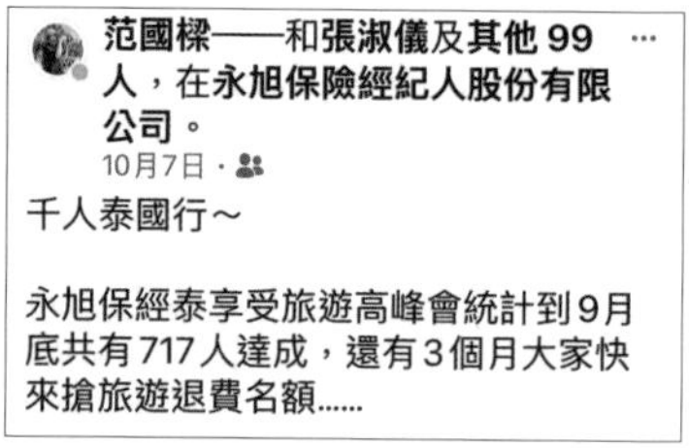

范國樑——和張淑儀及其他99人，在永旭保險經紀人股份有限公司。
10月7日 ·

千人泰國行～

永旭保經泰享受旅遊高峰會統計到9月底共有717人達成，還有3個月大家快來搶旅遊退費名額⋯⋯

圖 5-18

擅長用媒體造勢的范董，常常在臉書上分享公司及同仁的業務概況。

除了以幽默風趣的口吻透過臉書幫公司打廣告，范董還接受友邦人壽的建議，共同在高鐵左營站售票口正上方的顯目位置，

圖 5-19　左營高鐵的看板下是永旭人打卡的新景點，展現出同仁對公司的向心力。

租下一個巨大的廣告看板。儘管一個月的租金高達 100 萬元，但是在人潮洶湧的高鐵站搶到這麼顯眼的地點，客戶和同仁都會拍照打卡，范董跟呂總都覺得廣告效果非常好，值得。

此外，搭上 2024 年巴黎奧運的熱度，范董也成為國內第一家贊助「為台灣英雄加油」電視廣告的保經

圖 5-20　左營高鐵站超大的招牌廣告，將 20 歲的永旭保經知名度提升到另一高峰。

公司，持續兩週不間斷地在媒體上播出。以上種種開

風氣之先的做法，更能突顯出他與眾不同的行銷頭腦。

　　事實上，范董的行銷頭腦，不只表現在寫臉書、刊

登廣告或是製作看板而已，連購買辦公室，也能看見

他不同的想法。例如現在位於高雄市民權二路上的高

雄總公司，就是因為范董相中它位於寶成大樓頂樓兩

層，而且把左、右兩棟相鄰空間打通，這裡可以眺望

整個高雄港、看著大船入港，同時也可以看著飛機飛

抵高雄機場，非常具有指標性意義。范董三不五時在臉書上寫從董事長辦公室望出去的美麗夕陽風景，以及他對公司的願景和目標，除了給同仁更好的向心力，也給被增員者更多的吸引力。

　　2024 年正逢永旭保經公司二十週年，范董又決定買下位於高雄市三民區民族一路長谷大樓頂樓的挑高樓層，作為北高雄的辦公室，同樣著眼於它的地標性質和廣告效果。雖然老婆張淑儀覺得買價有點貴，但是范董卻說：「這種五十層指標性大樓的頂樓錯過就沒了，即使現在買有點貴，但我就是要跟大家宣示『未來從現在開始』，這是永旭保經要在台灣認真做大的最佳證明！」他說。

六、站在市場第一線，了解業務需求及市場生態

　　范董非常自豪地表示，目前出來開保經公司的人雖然都是業務員出身，但是多半與市場脫節甚久。不像他跟呂總至今仍站在第一線。由於兩人對市場很了解，

對業務員也很了解，對商品也很了解，所以處理事情明快，不會拖泥帶水，誤判的機率也很低。雖然不一定清楚商品裡面的細節，但商品的成本結構一定懂，才能擔負起絕佳的公司操盤手角色。

圖 5-21　不斷地研究如何優化制度，是永旭吸引人才的主要關鍵。

例如當傳統躉繳保單因為監理單位的嚴重關切，導致保險公司的代理費直接被砍半的時候，呂文雄總經理直接挑明說：「市場資源在哪裡，我就去哪裡，現在有外幣躉繳的投資型保單，客戶有需要，佣金也比較高，為什麼我不跟著走？」這種決策突顯永旭在經營及銷售商品上，完全沒有其他保經公司僵化的做法。儘管在市場上，有對手酸永旭「沒有理念，一切向錢

看」，這反而更能代表范董及呂總兩人非常貼近市場所需，一直在為業務員找資源。因為他相信「業務員賺到錢，趕不走；賺不到錢，留不住。」

因為傳統保險公司維持直營部隊的成本很高，考核也會更為嚴格，當永旭知道有業務員在保險公司出現適應危機時，就會立刻抓住機會，去搶這些保險公司的人才。當然其他保經公司也會這樣做，只是呂總也質疑：「其他公司的老闆，有沒有那種市場靈敏度及管道？因為管理階層都躲在幕後，早就不知民間疾苦了。我和范董是親自參與所有資深副總級，尤其是職場負責人的面談，但其他公司的老闆可能只要求送資料，等開董事會再說。」

除了市場生態，永旭對於業務員的需求也是有求必應。友邦人壽總經理侯文成表示，當時永旭轉而主賣投資型保單的決策，是相當正確的決定。因為投資型保單已經成為主流，一般人沒有證照，不會賣也不能賣。而對於從傳統保險公司挖角過來的業務員來說，銷售投資型保單給客戶時比較沒有問題。理由很簡單，

他們在大公司的正規部隊待久了，態度上比較嚴謹，對於風險的告知也很重視。

當客戶年紀大、體況變差、不容易投保的時候，態度嚴謹的業務員在賣投資型保單時，就會善盡告知義務，解釋保險及風險的對價關係，所以比較沒有核保上的問題。這些業務員手上的客戶都已經認識很久，有一定的信任程度，再加上這些客戶已經購買了太多傳統型的商品，如果業務員能夠提供他不同的商品選擇，沒有理由不參考一下！

七、培養團結且能力強大的領導階層

永旭的業務員，對自己公司的認同感也非常強。相較於其他公司的業務員，永旭的員工們會很大方地在臉書上說「在這家公司有多麼開心、自己業績有多好、賺了多少錢等等。」台新人壽甘立帆副總表示，塑造這樣子的文化，永旭保經的各營運長，就扮演領頭羊

的角色。永旭在開完營運長會議後，范董只要登高一呼，底下的人都會整齊劃一地跟著走。他感覺這是由心悅誠服所帶出來的氛圍，是自然而然的，不是老闆講什麼，員工就一定要聽什麼的氛圍。

呂總表示，永旭跟其他公司不一樣的地方就是：「不是因為公司的掌控能力強，而是業務員對公司有信心。」呂總也強調永旭保經已不再是當年的「吳下阿蒙」了，不必再像以前「刻鋼板」地訓練統一話術。他解釋，永旭只要讓業務員們知道，永旭的主力商品在哪裡，我們就會用獎金與旅遊去和主力商品做密切結合，業務員們一看就懂，自然就會跟著公司的腳步走，而且讓大家都很輕鬆、快樂地賺到錢。

通路長邱錫玄表示，「永旭保經的高階主

圖 5-22 業務工作會議的召開，隨時準備迎戰各項任務。

管都各有責任分工，例如副董曾清德主要就是『顧屏東』，是永旭保經第一個成立的駐外單位。我負責產險通路的業務，以及擔任永旭希望工程慈善協會總幹事。業務長郭文弼負責講師團的訓練，以及培訓投資型保單的講師。策略長莊正華負責輔導永旭在屏東的所有夥伴。而范董跟呂總顧全部，全台灣走透透。」

他很有自信地表示，「我們這些基本上的核心人物，個性上本來就比較合，大家都有認知要團結在一起，才能戰贏外面的人。所以，凡是公司有增員的，有保險公司高層要來的，有重要飯局的，有學術界來參訪的……，范董有需要的話，號令一下，我們都會一起參加。」他形容，儘管有些單位是在屏東，他們還是要常跑去高雄，參加各種活動及飯局。隔天一大早，還是要回到工作職場繼續上班。雖然辛苦，但「這不就是一個拚事業該有的態度嗎？」他說。

永旭的增員活動，並不只是單位主管的事，或是范董及呂總的事，而是群體作戰。業務長郭文弼就表示，

圖 5-23　和保險公司的策略是「魚幫水、水幫魚」的關係。只有建立雙贏價值，才能成為永續的夥伴關係。

如果有需要，包括他在內的所有高階主管，全都會一起支援、全省跑透透。通路長邱錫玄以及把高鐵當作捷運坐的執行長劉明朗，都不只一次自豪地表示：「在我們公司，每一位高階主管都是『站起來能講，坐下來能想，走出去能戰』的戰將。」

　　根據吳慶明老師的觀察和感受是：正因為范董的領導統御做得很好，所以他才有一群優秀、能力很好的資深幹部，大家一起努力讓公司邁向更好的成長。

儘管業務長、策略長或是通路長等，就只是內勤的職稱，但是他們也常在內部開會。永旭這些內

圖 5-24　好客的范董常常在家宴請業界的貴賓好友。

勤的高階主管們，凝聚力是非常強的。一有事情，幾位有空的主管便會馬上集合，以泡茶或吃飯的方式聚在一起討論，如此一來，就能讓永旭做的重大決策，快速因應市場的變化。

　　范董說：「在永旭，凡有業務上的重大決策，都會開定期或是不定期的『營運長會議』。以前只需要我跟呂總就可以決定事情，現在也會開放給營運長們，由他們共同參與討論、表決。」這樣的改變，對於永旭在體恤民情及留才、用才上，會有很大的幫助。因為藉由營運長會議，能夠讓公司高層知道，底下的業務員希望公司進行什麼樣的改變及調整。「開完會之

圖 5-25　全國營運長會議。

後，當然也是要來聚餐、聯絡一下感情，這就是我們真正的目的，哈哈！」范董興奮地說。

八、保險公司的佣獎直接交付信託

圖 5-26　最帥趴、最有女力緣的呂總。

永旭是最早將保險公司所支付的代理費，以及各項佣獎全部交付信託的，這樣的方式也是增員時安定人心

的一大關鍵。執行長王慧玲當初在面臨多家大保經公司挖角之際，讓她最後選擇永旭保經的臨門一腳，正是在業務員的薪資、佣獎交付信託上。

在轉換職場之前，做足功課的王慧玲在搜集相關資料時，她說，二十年前「飛 × 保經」出事之後，儘管客戶權益不受影響，但做白工的員工卻可憐了，員工拿到的是一張遙遙無期的支票。她覺得不能讓自己面臨「公司高層隨便拿著大小印章就可以拿走所有業務員的錢，然後說倒就倒」的情形。

她本來考慮的另一家大型保經公司之所以出局的原因，正是因為公司老闆堅持不願做信託，甚至連履約保證都不願意做。她的經驗是，任何一句承諾、任何的山盟海誓都有可能生變，所以她就選了有做信託的永旭保經。事實上，永旭的范董及呂總兩人也是當年「飛 × 保經」出事的受害者。正因為親身經歷了這樣的痛苦，才讓兩人在創辦永旭保經時，就透過信託的方式，發揮「安定人心」及「吸引人才」的作用。

永旭保經目前信託資產的範圍，不只是保險公司的代理費而已，還有所有的獎勵等，像是首佣、續佣、表一、表二……及獎金。呂總說明，其他保經公司是保險公司的代理費，直接入保經公司活存帳戶，再分給業務夥伴。但我們要做到保險公司給永旭的代理費，先進入永旭信託專戶，再按月撥款給業務夥伴，最後剩下的錢，才會進入永旭保經的活存帳戶，公司也才能去動用這筆錢。直白地說就是：「業務員領剩下的才能輪到公司和股東領。」

　　這麼設計的目的是防止公司負責人任意動用這筆錢，避免日後員工薪水發不出來，並且讓業務員能夠安心。呂總說：「假設沒有做信託，保險公司給的錢，是月中直接進入公司的活儲帳戶，但保經公司實際發薪水的時間，都是每月底。這個十五天左右的時間差，保經公司的老闆就有機會上下其手、挪用這筆錢，所以我們做信託就是要杜絕任何被挪用的可能性。」

九、上一代努力的成果，下一代可以傳承

一般的業務工作，尤其是領取佣金或組織收入的合約，基本上都是「人在錢在，人去歸零」，不會有所謂的傳承。但是在永旭保經，「二代接班」不僅列入公司的合約制度，且已經有個案在執行了。

有些保經公司的二代接班只能夠做到承接上一代的客戶及續佣，但不包括組織利益，這與永旭保經所實行的「二代傳承」完全不同。永旭保經的「二代傳承」除了客戶和續佣之外，包括其組織利益也可以傳承給專職培養的二代，這一點很重要。因為組織可以讓下一代接班，就代表在這裡辛苦了一輩子所經營的組織依舊存在，不會憑空消失。這是股東讓利最具體的表現，也是其他保經公司所沒有的。

執行長王慧玲在 2019 年離開原公司的原因之一，是因為照顧生病的父親，在家裡和公司兩頭燒之餘，開始思考出「世襲傳承」的想法。王慧玲強調，所謂

的「事業」必須是能夠把過去的辛勞傳承下去，更何況公司要人才全心投入，也必須用制度給予合理的回報啊，而「二代傳承」就是一個很好的制度。王慧玲表示，每個人都會變老，萬一她離開了，或是想退休了，也能把她的事業留給老公或小孩，希望讓她的家人

圖 5-27　轉換舞台的王慧玲執行長及謝清輝營運長，以前是單一保險公司超過 25 年情誼的老同事。

感受到這些都是父母留給子女滿滿的愛與祝福。

　　熟悉銷售業務體系的人都了解，只要業務制度上「斷代」的話，原先的所有利益就都回到公司老闆的口袋裡了。對此，王慧玲執行長更是敬佩范董的這種做法，畢竟這些都是老闆的利益所在。她直言：「人都會變老，貢獻度一定會逐漸下降。很多老闆用績效

考核，要求年紀大的員工和年輕的員工放在同一個秤上去衡量人力與業績，那是不可能的，而且違反人性的。公司老闆是否善待員工，由專職的二代傳承，還是扛著考核之名，把這些人的貢獻當成圖利的工具，兩相對照，明顯可見。」

永旭很多高階主管的第二代，都很有信心地加入永旭保經的行列，像是：邱錫玄通路長的兒子、王慧玲執行長的女兒、謝清輝營運長的兒子、廖秀蘭營運長

圖 5-28　永旭傳承制度的最佳見證人：曾清德副董及曾哲鎮營運長。

的兒子等，現在都在父、母底下的組織內專職地學習及歷練。這些長輩更是心無罣礙，毫不保留地揮灑他們的人脈與能力，把它們傳承給下一代，貢獻給公司，這就是「共好，共榮」。

十、永旭的「人治」：制度之外，保留一定彈性

　　當公司的規模越來越大之後，標準一致、全員都必須遵循的制度就更顯重要，已是大型保經公司的永旭自然也不例外。只不過，范董在尊重制度的同時，也會在特殊考量之下，保留一些制度上的彈性。

　　舉例來說，永旭對於內勤人員和營業部負責人，每年都有兩次旅遊活動，一次在國內、一次在國外，但是年度業績要 600 萬元以上才能獲得邀請。以前由於公司人數還不多，還是有機會通融。秉持「人少靠感情，人多靠制度」原則的呂文雄總經理表示：「現在還是得按照規定來，重點不是我們不通融，重點是很多人都睜大眼睛在看。」行政副總葉佳瑋形容，開了一個先例，未來就有人會引用，這時候就會出現「人情關說的拉鋸戰」，這會造成內勤主管的困擾。范董也知道這是個難以擺平的問題，所以他只好跳出來解決。

范董對於剛進公司的新人，會先考慮「還沒適應好」的原因，而主動釋出善意，讓他們參與旅遊活動。他說只要對業務員有利，就可以彈性讓利，因為我們永旭是一家「有人情，有溫度」的公司。其次，永旭在「新人財補」上，也會有彈性的考量。永旭「財補」發放標準有兩項，其一是「業績」，其二是「出勤狀況」。但是，如果業績達到，但出勤率未達標，公司還是會採取彈性管理，授權職場負責人讓業務員寫報告書。只要理由充分，還是可以通融拿到財補，因為永旭的制度彈性是以業務員的福利為出發點。

范董又再舉例：依照永旭的營業部成立的標準，最少要六組事業部，業績至少要一年 600 萬 FYB（First Year Bonus）才可以成立一個營業部。但是，公司還是會給有潛力的主管先成立營業部，然後在一定的時間內補齊業績和組數。但一般的公司可能沒有達標就免談了。畢竟這些通融對公司來講都是成本，都是錢！永旭的做法也再度顯示出「讓利」，這就是永旭的「人

治」──人性管理的基礎。

十一、領導者的魅力

1. 范董：胸懷千萬里，心思細如絲

　　愛做菜的范董，常藉由請吃飯或是送親手製作的滷牛三寶料理包，拉近人與人之間的距離，這樣的小技巧，更是他帶領團隊人心具體而微的體現。

　　第一眼看到身材高大的范董，絕對不會將他與「型男主廚」聯想在一起。但凡是吃過或收過范董親手製作的各式料理包禮物的人，都對他的烹調水準「讚不絕口」，認為絕對不輸給外面專業的大廚。

　　因為從小媽媽注重養生，啟蒙了范董愛煮菜的興趣。他說從開始做業務之後，就會在單位裡定期舉辦「house meeting」，然後自己開車去附近的漁港買一些海鮮煮給大家吃。從「喜歡吃」到「喜歡做」，且對自己的手藝信心滿滿的范董表示，當初會做菜給大家吃，

就像是「找朋友喝酒是紓壓」一樣，就是單純的分享。
「因為我們煮菜，也希望人家認同，而且覺得好吃嘛！」
他說。

後來煮出心得來了，范董開始親手做一些調理包，
方便分送給外縣市的親朋好友。一位保險公司總經理
的太太，開了一間牛肉麵店，根據她的評鑑，范董的
「滷牛三寶」的口味，絕對不輸一般名店。范董說他
所做的滷牛三寶與外面賣的最大差異在於食材用料極

圖 5-30

圖 5-29

圖 5-31

會吃會喝又會煮的范董，常常會分享他的拿手料理給同仁。

好，且吃了讓人安心。

　　范董在做菜上，不僅花時間與精力，而且注重食材和養生，連相關的設備與包裝也都很講究，一點都不馬虎。像是滷牛肉做到最後，他不僅請印刷廠做專門的包裝盒子，連真空包裝機都買，家裡也買了四個專門存放食材的大型冰箱及冷棟櫃。

　　策略長莊正華說：「董仔會很貼心地透過一些小東西，他會先自己去研究如何料理出更好吃的口味，再分送給公司同仁及

圖 5-32　拉攏人心就從拉攏味蕾開始。

外部客戶，做情感上的聯繫，因為他把感情放進食物裡，沒有哪個保經公司的老闆會這樣做。」莊正華特別詮釋其意義在於：保經公司老闆送員工一個名牌包，那個叫做「獎勵」；但是，如果送一份自己煮的牛肉，那就叫「心意」了。他認為由此更能看出范董個性上

的細心與體貼。

營運長謝清輝則用「治大國如烹小鮮」這句話，來形容范董做菜與公司經營管理間的連結。他說心思很細的范董，能夠把一道料理做得很好，在備菜、備料、時間與火候的掌握，整個流程、節奏等，都必須要掌控好，才有可能在很快的時間內，料理出一道好菜。

所謂「宴中滋味多，蓆上乾坤大」，他觀察范董在處理公事時的流程也是一樣的道理。他會先搜集資料，然後，把什麼時候要處理這件事情輕重緩急的流程排好。所以在該處理時，范董會很明快地處理，在不該處理的時候，他也會按兵不動。「所以我覺得，范董能把菜做得好，也一定程度體現了他在公司經營上的道理。」謝清輝說。

2. 董娘張淑儀：范董的最佳賢內助

在公事上，行政副總張淑儀的主要任務在協助公司內勤的行政工作，在公司草創時期也負責處理公司財

圖 5-33　范董衝鋒陷陣，董娘形影不離的後勤支援，是永旭同仁最安定的力量。

務相關的事項，包括早期公司資本額和營運現金的調度，以及在范董增員的職場負責人新的營業部設立拍板之後，所有找辦公室、簽約、與銀行洽談貸款，以及裝潢有關的工作。

自稱「開公司之後，連蓋章都不會蓋」的范董表示：「公司的大印在呂總那邊，小印則是在我這裡，但我把它放在老婆那裡。由於公司所發的薪水並不是小數目，淑儀做事很認真也很細心，帳務工作由她處理我很放心。」

張淑儀的優點在於，她會注意到小細節；至於范董，則是精準掌握住大方向。所以，她認為兩人之間相當「互補」。私底下張淑儀也是范董日常生活的司機兼帳房。因為范董個性海派，對朋友非常大方，所以自結婚以來，不論是加盟開奶粉店、開公司，范董

借朋友錢，或是請朋友吃飯，都是由「董娘把關」。公司早期會借錢，有時是為了資本額問題，有時則是「短期周轉」，也都是由董娘一手處理。

范董笑笑地說：「不是天生不喜歡管錢，而是自然而然、莫名其妙地，錢就被

圖 5-34　范董和淑儀姐鶼鰈情深，是生活中也是工作上的神仙伴侶。

她管了。」范董大方承認：「我所有的帳戶都是淑儀在管，要錢的時候，她再給我錢就好。」獅子座的范董這時候很感性地說：「我只記得，公司沒錢時，都是淑儀在借，現在有錢給她管也是合理的啊，所以，男人啊，只要負責娶對老婆就好了，其他的事再交給老婆負責！」

台新人壽甘立帆副總說在他與永旭合作這麼久以來，覺得淑儀姐是很好相處的人，完全沒有董事長夫人的架勢。以合作廠商的角度看到的是：公事只要找

范董、呂總，事情就可以搞定。至於私事就找淑儀姐就對了。例如：她常常會關心地詢問：「我們家業務員有沒有很盧（台語：難搞）？有沒有做什麼過分的要求？」

圖 5-35　范董和淑儀姐鶼鰈情深，是生活中也是工作上的神仙伴侶。

淑儀姐會比較軟性地噓寒問暖，把員工當作家人般地照顧。在他來看，范董是在前面衝的人，淑儀姐則是在後面關心的人，讓和永旭合作的廠商倍感窩心。甘立帆說：「每次在聚餐及喝酒的時候，淑儀姐都會問我們等一下是否有事需要先離開？有時也會考慮我們要坐高鐵回台北，還幫我們擋酒。」

3. 呂總：與范董分工明確且默契十足

永旭的企業文化，是范董與呂總個人風格的展現，

也是滋養永旭不斷增員向上成長的土壤養分。而在永旭人身上，可以看到幾種文化特色，其中一項是：「不會因為他人的評論，而改變自己。」

圖 5-36　范董包下瑞典斯德哥爾摩市政廳，這裡是諾貝爾獎得主頒獎的場所，辦理永旭海外旅遊的榮譽晚宴。

　　保經公司的老闆大概只有范董敢在臉書上公開寫：「對！我們永旭就是讓業務同仁玩得開心，並且賺到錢，因為永旭的精神就是『我的事業讓我享受人生』，讓大家樂在工作，樂在生活。」正因為范董有如此的起心動念，同質性的人就會自動靠攏過來了。有一次

范董帶領內勤員工和職場負責人到長灘島旅遊，范董還在臉書上貼出他蹲在其中一個賣紀念品的攤位前，穿著很輕鬆的照片，內文寫到「哎呀，我們昨天把明天要喝酒的錢都喝光光了，現在沒有錢了，

圖 5-37　不虛偽，不做作，It's Yung-Shiu Style!

所以我現在來這裡打工賺點零用錢。」郭文弼笑著問：「你看有哪一個大老闆可以用這樣子的方式開自己的玩笑？」而他想表達的是：范董就是透過這種方式和同仁打成一片。

　　金融業的老闆都比較重視形象，范董和呂總大概是最特立獨行的兩人，他們既不特別強調外表、穿著，也不會太在乎別人對他的評價，這樣「做自己」的特質，是蠻令人印象深刻的。王慧玲第一次與范董在高雄見面時，就對永旭人的穿著印象深刻。從傳統保險

公司出身，向來對於服裝、儀容非常注重的王慧玲，記得當天和范董見面時的第一印象，跟她之前所接觸到的保經公司老闆有相當大的落差。「我覺得他是我看過的大老闆裡面，穿著最沒有派頭的一位。」她說。

劉明朗形容，范董以前還很少穿襯衫，就只穿西裝褲，還有公司的 Polo 衫。現在因為要面談、顧及公司形象，所以開始穿襯衫，只有在冬天時，才有可能加西裝外套。特別是因為他很怕熱、很容易流汗，高雄天氣又熱，所以，有時還會揹一條毛巾來擦汗。至於呂總的穿著也差不多，不會刻意地講究。所以，也許有些外面的主管，看到這樣的情形就會覺得：「啊，頭家那ㄟ阿捏？」（台語：老闆怎麼穿成這樣？）

但劉明朗的觀察是：最近范董及呂總兩人有在改變，為了幫業務員增員，開始穿著襯衫，而且落實「豪華自己來增員」了，兩人都有品味地把名牌襯衫穿起來了。只不過名牌的襯衫還是很熱，他們偶爾還是會把襯衫拉出來，這就是他們的風格，姑且稱為永旭風

格，Yung-Shiu Style！

　　由此可見范董和呂總是只要自己感覺對了就好，也不想以自己的標準改變別人想法的人。他舉外界對於永旭的印象就是「永酗」為例指出，范董說外界認為永旭人吃吃喝喝，並沒有什麼過錯或不好，努力工作的目的不就是要吃飽、睡好嗎？何況我做好我的事，吃好我的飯，喝好我的酒，與別人何干？他們也不會遮遮掩掩，也不會很生氣地說：「永旭的旭，不是酗酒的酗。」「別人想說旭就是旭，想說酗也是酗，解釋這些一點意義也沒有。」

圖 5-38　EQ 超高的「糖糖營運長」翁世唐總能夠把複雜的事變簡單。

　　至於公司治理方面，范董與呂總不但兩人默契十足，也都各有符合其個性與專長的工作分配。永旭保經有關於公司策略、營運方針的決策，都是范董在決定。

所有執行面相關的事務，都是由呂總在負責。公司活動上有需要致詞的大小場合，則由口才好的「雙口呂」呂總上台，范董就在台下幫大家照相。兩人各司其職，分工明確，扮演好自己最擅長的角色。

圖 5-39　　　　　　　圖 5-40

我說你聽，你說我聽，工作上兩人默契十足更勝親兄弟的范董和呂總。

　　總之，當他們兩人同時出現時，會感覺他們兩人就像兄弟一樣有默契。最難得的是，呂總始終謹守一條線，不會逾矩去做范董不會同意的事，或是輕易做出承諾。呂總強調，沒有人希望公司做不好，很多企業的失敗，都是因為大股東間的紛爭導致破滅的。

　　在永旭，從兩人在公事上的角色扮演，或者「對人性的理解，以及對人的尊重」這兩件事，正是公司

能夠成功的原因之一。「凡事公平，讓股東都沒話說」這事，外人看起來簡單，實則非常難得、不容易。「因為有的企業，就算做得再大，只要是大股東們常常『網內互打』或是『拉攏次要敵人，打擊主要敵人』，大家不同心的話，公司要崩盤也只是一夕之間而已。」

第六章

成功之道（三）：不斷優化升級的業務制度

永旭保經的核心價值就是「讓員工賺到錢」，范董所有的制度訂定以及經營心法都是以此為軸心。業務員出身的范董會從現實面來思考，想轉換跑道的業務員一定會以利益為最高考量，所以以下的因素就是永旭設計來吸引業務員的關鍵要素。

一、合約透明，佣獎等不七折八扣

　　永旭的合約透明，佣金獎金不會七折八扣，所以永旭跟各家保險公司簽的合約及利潤，業務同仁們都可以在永旭的官網看到。永旭想要塑造出在這裡就是沒有祕密、一切都是公開的氛圍，也就是說，每個職階都知道他們可以領多少佣金和獎金。現在由於保經公司的競爭越來越激烈，各家的佣金已經越來越透明，很難再遮掩了。而永旭業務員根本不怕老闆賺得多，他們怕的是自己賺得少，有賺大家賺，而非老闆一人賺，這樣子才是共同「拚事業、打江山」的真諦。

業務長郭文弼以年終獎金為例：假設佣金率是 7%，100 萬元的業績，就應該領到 7 萬元；如果只做 100 元，就只能領到 7 元。然而很多傳統公司，卻會對年終獎金設立發放門檻。但永旭保經沒有設立門檻，即使業務員只做了 100 元的業績，還是有 7 元的年終獎金。他認為，沒有領取門檻，是永旭保經與其他保經公司不同的地方。

通路長邱錫玄說，永旭保經與其他保經公司的最大差別就在於「合約透明度」上。永旭的「合

圖 6-1　永旭保經增員辦法的四大原則。

約透明」，充分體現在考核與否方面。有些保經公司表面上說不考核，但合約卻常藏有考核的文字。邱錫玄說明其原因，始於「天下文章一大抄」，因為早期各保經公司只要覺得其他家公司的合約書不錯，就直

接照抄，大家抄來抄去的結果就是都有考核制度藏在字裡行間，只是業務員沒有找出來而已。

邱錫玄回想以前的某位主管，想從原先的保險公司轉換到保經公司，他詢問了一位老長官，這位老長官提醒他：「保經公司的合約很亂，很多人被惡意解除契約。如果要跳槽就要把合約看清楚，不要太快做決定。」當時他就思考到要如何把業務員的合約書弄得簡單明瞭，讓想要轉換職場的人不要有類似的顧慮。

所以就把合約書中的考核字眼拿掉，不僅如此，還很貼心地在 AI 系統中，增列一個「永旭保經及主要同業合約書內容」的專區，在其中特別列出保經公司說不會考核、但實際上有考核的合約書用字，方便同仁在增員時作為參考。

例如：有些公司會在雙方所簽契約中寫：「甲（公司）乙（員工）雙方，均有任意解除或終止契約的權利，但要於終止前十五日通知對方。」此條款賦予公司可以片面對業務員終止契約，這樣的條款雖然不平等，

但是合法，這個條款對業務員來說十分不公平。

　　但永旭保經的合約書是業界最安全的，它在合約裡的條款註明：「須甲乙雙方合意終止，並且只有以下情況，甲方才可以單方解除契約。例如：乙方犯法、詐騙、違規、隱匿，造成損失等。」也就是除非乙方有犯意造成損失，否則必須雙方都要同意，才能解除契約。

二、有財補計畫及主管招募獎金

　　為什麼「財補計畫」及「主管招募獎金」對保經公司來說很重要？理由很簡單，因為保經公司是靠人在賺錢的行業，所謂「有人有業績，有樹有鳥棲」。增員更多人才到公司，更容易增加銷售業績，提供財補吸引人才就成了各家保經公司的首要之務。永旭求才若渴，當然也提供優渥的財補計畫給加入的新進同仁。

　　除此之外，保險公司也提供保經公司一些合約內的獎勵，配合加碼的財補計畫給新進同仁。例如業績達

到保險公司訂的目標，保險公司就會支付一定金額的合約內的獎勵，永旭再把這些錢包裝進增員的財補計畫中。在永旭，這些獎勵甚至高達百萬，可見永旭保經為了網羅人才，砸大錢不手軟。

多數的保險公司及保經公司都實行「續佣不可攜」的制度，也就是離職後，所有的組織利益就全數歸零，因此業績高手就越不肯輕易離職。為了能提供業務同仁增員的誘因，不少保經公司都會提供「財補計畫」，目的就是為了彌補被增員者因為離職而領不到續佣的損失。保經公司的財補計畫越誘人，在增員方面也才會更有吸引力。

除了對被增員者的「財補計畫」之外，永旭還提供「主管招募獎金」給增員的人，這筆獎金代表的意義就是「教練獎」。有如奧運的金牌得主，除了選手有獎金之外，教練也能獲得獎金。永旭目前「主管招募獎金」的發放標準是：成功增員一個營業部，該營業部第一年完成 1200 萬元的 FYB，公司就發給 20 萬元；

圖 6-2　　　　　　　　圖 6-3　　　　　　　　圖 6-4

「捨不得，動彈不得；放不下，付出代價。」永旭的前輩帶路，從改變到堅持，一直到完成目標。

完成 2400 萬 FYB，公司就發給 100 萬；完成 3600 萬元 FYB，公司就發給 150 萬元給增員的主管。這些獎勵金額非常有誠意，也是業界望塵莫及的。

三、「二不一可」：不考核、不斷代、續佣可攜式

來到永旭的保險業高階主管，並不是只單純為自己著想而已，他們也要為底下的夥伴著想。傳統公司「考

核」、「斷代」的制度讓他們看不到未來，但來到永旭讓他們看到目標和願景。畢竟業務員拿的不是僱傭關係的合約書，而是沒有底薪的承攬合約書。他們的薪水來自業績，並沒有不勞而獲的問題，唯有不考核的制度，才不會有被降級的問題。

俗話說：「少年拚出名，老年顧名聲。」業務長郭文弼直言：「當年齡越來越大時，你會發現，增員的動力就越來越小。如果沒有再增員新人，就算個人銷售業績再強，也一樣會被公司考核掉，那種精神上的壓力實在很大。」其實在保險業，資深人員的銷售經驗及人生閱歷是很好的資源，而且這些人的工作習慣都很好。郭文弼業務長就說：「對於資深的人，甚至銀髮族，管理的最高境界，就是不用管理。」

王慧玲執行長也認為：「任何人做業務一陣子後總會累，甚至想要退休。此刻如果又補上一把考核的刀，豈不要了他的老命？這個一點也不人性！」她在前一家保險公司就親眼目睹一位高階處經理，因為年紀大

了難以維持考核而選擇退休。有些人為了領續繳，被迫調降成為業務員，失去了主管的福利與名譽，而保險界也損失了一位人才。

對保經公司來說，不論是一人做 300 萬元業績，或是透過十個人做到 300 萬元業績，是沒有差別的。所以王慧玲執行長質疑，既然都能達到公司所要求的業績，為什麼還要考核人力？「保險業務員目前有兩條路可以選擇：一條路選擇當自我管理的老闆；另外一條路選擇當被考核的員工。想要找回人生的發球權，誰願意當後者？」她又再度補充說。

呂總說：「我們公司不講管理人，只講服務人。公司有80%的業績集中在20%的人身上，有些人是兼差的，有些人也不缺錢。公司的員工不是在當兵，永旭走的是榮譽制，當然就不會考核業務員。講實在話，做保險的人都知道一分耕耘一分收穫，不努力工作的話，家裡的生活開銷就會來考核你了，幹嘛要由我來考核？在永旭，我的工作不是考核業務員，我是來服務業務員的。」

本身就是保險業務員出身的范董了解業務員的甘苦，他進一步強調：「沒有人不想賺錢、不想風風光光，也沒人不想把業績做好，但幾個月業績沒達標，就要被考核，這樣對已經沒底薪的業務員來說實在太累了。在永旭不會考核人，我們只要負責去找新人就好。」不過他又說，對於職場負責人一定要另訂有考核標準，因為在商言商，成立一個職場都得考慮到坪效，這是錢在輸贏的問題。何況職場負責人代表的是一個團隊，是經營的成敗關鍵，所以有一定程度的考核也是正常的。

　　永旭的主管津貼讓利無限代的制度，也是公司絕無僅有的特色。王慧玲解釋，永旭保經推出的「無限代」制度，最主要的目的就是鼓勵主管心甘情願地協助夥伴往上晉升。熟悉傳統公司制度的人都知道，當組織有代數限制時，單位的主管一定會卡下面的員工，不希望他們往上再晉升，這是人性。因為當底下的員工晉升之後，原主管就有可能「斷代」無法再領到這位主管的利潤，甚至因為斷代而讓自己面臨到職位考核的危機。

比如說我增員甲，甲增員乙，乙又增員丙，丙又增員丁，從甲到丁共四代。如果代數獎金就只有發三代而已，那麼假設丁是超級業務，甲會拿不到丁的利潤，這就是「斷代」。所以，就算甲的團隊總共有一千多人，其中可能有高達六、七百人是第三代以後的人，如此一來，甲的組織津貼就不包括這些人，而這些沒有發出來的錢，就是公司賺到了。這種違反人性的制度，誘使他不願在你成處的文件上簽字，造成師徒關係因為利益衝突而破裂，更阻礙了人員和公司的成長。

以一般保險業限制三代的制度為例，主管就會儘量避免底下的人發展出第四代。因為超過三代，主管就領不到組織獎金，當然就不樂於讓他們再晉升。然而，沒有利潤的誘因，也就不會協助陪同增員，這就是制度的設計讓業務員的熱情變不見了。

這種斷代制度對保險或保經公司來說，就是鼓勵老闆「看近不看遠」。老闆會賺到因為斷代而沒有發出去的錢，但同時也會阻礙了組織的發展。而永旭的無

限代優勢卻是讓主管更有動力去找新人進來，不管他們是多少代，這就是老闆帶頭示範，鼓勵所有的主管放大格局，「要看遠，不要看近」。

許多主管在挑保經公司時，都很在意這間公司會不會有「考核」、「斷代」、「降職」的問題。也就是說，他們當初之所以會離開原公司，便是深受「考核」、「斷代」和「降職」所苦。范董了解業務員的心聲，自公司成立以來不斷地優化制度，這也是永旭近年來人力與業績大幅成長的原因。

有人會問，永旭保經難道不擔心發展到一百代時，公司沒有錢發？范董非常有信心：「不會。因為我們給的趴數（％）是固定的，也就是說，我本來就是要發給你 1％，不管多少人進來，發的趴數也還是 1％。」老闆不要只想著多發獎金，要想公司是百年大業，要有永續經營的規劃。為什麼不想想，多賺才能多發，如果發展到一百代，那麼公司的規模會有多大？

范董說永旭保經的遊戲規則是：「保險公司的代理

費進來，只會先打八折，剩下的 20%，作為組織收入及繳給政府的稅金。這邊全部加起來，也不會超過公司所扣除的 20%。」范董繼續解釋：「而這部分只是保險公司表一所給永旭保經的錢，還不包括保險公司給的表二、表三、表四等等超額業績的額外獎勵。所有業務人員努力貢獻的超額津貼，由公司讓利出來的錢罷了！」簡單說就是「有錢大家賺」的概念。

由於網路資訊大爆炸，各公司的業務員互相交流資料已經是一種常態。儘管有些業務員知道被公司剝削得很大，但是考量到離職就沒有續佣可以領，組織利潤也不見了，因此在各種考量之下，就不敢有輕舉妄動之心了。但永旭很有自信，公司不怕你跳槽，如果你另有高就，公司送上你在永旭的續佣給予祝福，這就是「續佣可攜」的制度。

也許某些業務員故作瀟灑地說：「保單種類很多，每一種保單的首佣、續佣都不相同，且有些保單的續佣率很低，所以，續佣可不可攜對業務員來說，其實不怎

麼重要。」其實他們有所不知，大部分的情況下，續佣率雖然是比首佣率低，但長期來說，客戶數量大，累積下來的也是一筆錢。所以，永旭保經的「續佣可攜」制度，是信任，更是自信，業務員透過服務賺錢，對於客戶的服務品質提升也很重要。「對公司經營來說，讓業務員賺到錢的事就是大事，」呂總加重語氣地說。

四、可跨區增員、可低增高，推薦輔導各半

跨區增員並不是永旭保經獨有的特色，但是透過「推薦、輔導各半」的制度，卻讓永旭的增員更加順利。業務長郭文弼特別說明這個增員與輔導可以拆開的特殊制度，是讓業務員更容易發展組織的平台。

郭文弼以實例解釋：「如果我人在台中，增員的對象在台北，我把人才往台北送，全部業績利潤都算台北的，那我為何要那麼辛苦地去增員？」永旭的制度可以推薦、輔導各一半，承接的人有一半的輔導利潤，

推薦的人也有一半的推薦利潤。如此一來，被增員的人同時有兩人疼惜，也可以同時報「生育」和「養育」之恩，制度的設計讓三方都開心。這是永旭的一大特色，「不但可以放人增員的格局，更能看出老闆的巧思。」

呂總說一般保險公司不會有這種制度的設計，有些保經公司雖然也有跨區增員制度，但是公司給推薦者的利潤太低，或是給輔導者的獎金太少，並沒有太大誘因。老闆讓利，對三方都有利，增員發展就比較沒有阻礙。況且今天我推薦，你輔導，說不定下次就變成你推薦，我輔導，這樣反而會讓同事間的互動更加融洽。

五、高檔的獎勵旅遊，連同業都競相模仿

獎勵旅遊在一般保險公司或保經公司一點都不陌生，但是能夠做到像永旭這麼高檔的實不多見。旅行社和業界都覺得這家公司款待業務員的規格真的非常高，由於范董很會玩，永旭的獎勵旅遊活動都走時下最熱門或最高檔預算的路線。例如歐洲的河輪路線，

包括萊茵河或是多瑙河。2024 年的北歐高峰旅遊，甚至在瑞典的斯德哥爾摩，包下舉辦諾貝爾頒獎典禮的市政廳，舉辦永旭的頒獎典禮，這是首次有台灣的民間團體用這麼大的規格，可見永旭對績優員工的重視。

獎勵旅遊對業務員有很大的意義：參加公司的獎勵旅遊就跟 MDRT 或 COT 甚至 TOT 一樣，公司不僅大

圖 6-5　每年兩次的內勤員工暨職場負責人旅遊活動，一次比一次高檔，一次比一次用心。

圖 6-6

圖 6-7

外勤人員的獎勵旅遊也是極盡所能，甚至把榮譽晚會移師辦在瑞典的斯德哥爾摩市政廳。

方地送上量身訂製的西裝，還幫忙出錢申請，是成功者的榮譽跟勳章。根據「吸引力法則」，成功吸引成功，民工吸引民工，如果我要增員你，而我都沒有參加過公司的獎勵旅遊，你一定會覺得我很弱，增員起來力道就

弱了。相反地，如果公司的獎勵旅遊我每次都有參加，而且照了許多相片放在社群媒體上做自我行銷，如此增員起來就事半功倍了。所以，如果要走組織增員的業務員，就一定會去拚公司的獎勵旅遊活動，除了用得獎寫日記，開心地接受免費的旅遊招待，更可以取得這些勳章，作為自己在保險領域戰功彪炳的證據。

永旭保經還有很高明的一招，就是競賽業績加碼。例如某些商品加個 200%、500%、600%，甚至 1200%。舉例來說業務員做了 100 萬元 的 FYB 業績，如果賣的是競賽業績加碼的商品，便可以算是 200 萬、500 萬、600 萬或 1200 萬元來計算旅遊業績。

圖6-8　每年舉辦的「千萬所得俱樂部」各項獎勵活動及晚宴都是給努力完成的會員最榮耀的禮物。

如此一來，讓業務員依照客戶的需求努力銷售商品，而業務員更容易達成競賽目標。

圖 6-9　每年舉辦的「千萬所得俱樂部」各項獎勵活動及晚宴都是給努力完成的會員最榮耀的禮物。

永旭保經把這種旅遊獎勵，除了金錢之外的無形價值，包裝成另外一種拚業績的能量，轉換成增員的效果，這個效果在塑造成功的模式之後，在公司內就會變成一種文化，讓所有業務員都為此去拚業績。例如一艘萊茵河的河輪最多只能坐一百五十人，公司就採包船措施，採取飢餓行銷模式，激勵業務員努力去拚限量且尊貴的「萊茵河高檔河輪旅遊」。有名額限制，對保險業務員來說，就會是值得一拚的榮譽感。

而且范董三不五時就會在臉書上講：「對不起，我現在只剩下幾個名額了！」也會貼出在峇厘島旅遊時，

在窄小繁忙的塞車途中，享受警車開道、一路暢通的快感，讓參加旅遊的人倍感尊榮。因為他知道業務人員會喜歡什麼，就會特別去營造出那個氣氛，如此，業務員就可以向家人或是客戶，甚至增員的對象炫耀：「你看，我們公司連旅遊都可以辦得這麼用心！」一般的出國旅遊根本不可能有這樣的待遇。

圖 6-10　董事長每次旅遊都親自督軍，在沿途要求主辦單位提供服務，滿足同仁的各項需求。

范董把永旭的獎勵旅遊規劃成為業界最高檔，比方說同樣是去峇厘島，其他同業的團費是 3、4 萬元，永

圖 6-11　歐洲最頂級的河輪旅遊，包下整艘船，是永旭犒賞高峰會員的最大誠意。

旭的規格就是 6 萬元。有了高的預算，不但玩得比別人豐富，吃、住的檔次也比別人好。范董在這方面比別人用心。2023 年去萊茵河坐船，一般公司是無法包船的，但永旭保經則是把整艘河輪給包下來。就算人

數可能不足，造成包船有空位，但范董就是要讓永旭
的業務員可以自由自在地在船上享受服務和設施。永
旭保經是台灣第一家做歐洲河輪包船旅遊的公司，簡
直是把業務員寵上天了，難怪台新人壽的甘立帆副總
直言，業務員真的會為了這種旅遊而選擇永旭。

六、旅遊退費不打折、無上限

達成競賽目標之後，永旭可以依照完成的名額，
扣除自己一個名額，多出的名額直接退現金給業務員，
而且「名額無上限」、「退費不打折」。例如一位業務員的競賽業績達到三個公費招待的旅遊名

圖 6-12　歐洲最頂級的河輪旅遊，包下整艘船，是永旭犒賞高峰會員的最大誠意。

額，但只有一人參加，公司就會將多做出的名額，全數退款給業績達標的業務員。比方說團費 18 萬元、名額是三位，但實際參加一人，永旭就會退給業務員兩個名額共 36 萬元。

業務員由於業績獎金沒有天花板，每次的競賽都有許多同仁退費達數十萬元，甚至有些人更達 100 萬、200 萬以上。因為業務員拚名也拚利，他們不只拚免費旅遊，也拚退費獎金，所以會毫不保留地拚到最後一刻。業界都覺得，永旭光是這個旅遊退費「不打折、無上限」的做法，最能夠激發人心，跟其他同業很不一樣。

范董更貼心到，一個名額值 18 萬，如果你只有達到二分之一的名額，只要補另外一半的旅遊費用即可參加；達成三分之二的業績的話，只要補三分之一的旅遊費用即可參加……依此類推。如果達到的名額是一又六分之一的名額，扣除自己一個名額，即使是只有超過六分之一，范董也會退團費的六分之一──即

新台幣 3 萬元——給超額達標的業務員。依此類推的超額退費，一點都不想占業務員的便宜，這簡直是保經界最佛心的老闆。

這真是激勵士氣最有效的做法，但是為什麼別家不會做？原因還是在老闆願不願意讓利。對於保險公司給的競賽獎金，一般同業的做法要不就是「卡名額」，不然就是「設定名額上限」。也就是說，業績超額達標之後，名額不會增加，或是名額有上限，甚至針對不參加的名額，打個七折或八折退費。所以永旭這種沒有天花板的做法，除了展現范董的霸氣之外，更把永旭分潤、讓利的精神表露無遺。「其他保經公司都在學我們旅遊獎勵的『多倍計績』和『退費不打折』這一套，但是都學得四不像。」呂總滿是驕傲地說。

前保險經紀人公會理事長吳慶明就非常肯定，他說：「在國內的業務競賽跟激勵方面，永旭應該是全國做得最好的一家。因為除了達到業績便可出國旅遊之外，業績達成還可以用名額來退換現金，沒有名額

上限且計算到二分之一、三分之一，高價團甚至算到六分之一。」他認為，這些做法就表示老闆願意把保險公司給的超額競賽獎金拿來獎賞給業務夥伴。所謂「有名有利，才有動力」，如此一來，業務夥伴對公司的向心力就更強，增員的時候就更有信心了！

第七章

永旭制度大公開：

分潤、讓利、共享

採用 FYB 80% 制度，讓夥伴領最多

友邦人壽總經理侯文成說：「保經公司賺的是佣金收入及代理費。至於要怎麼分那一塊，就是看保經公司老闆啦。例如：保險公司給保經公司都是 10 元，保經公司會視情況給底下的業務人員 9 元、8 元或是 7 元。保經公司做了超額的業績，保險公司也會多發給合約內的超額獎金。一般保經公司會將合約內的超額獎金分為兩部分。一部分是保經公司分享給業務部隊的；另一部分則是公司自己賺，不會發給業務部隊。至於要發多少比例，要如何拿捏，就看領導者的智慧了。永旭就是把業務制度跟佣獎制度，運用結合得非常好的一家公司。」

台新人壽保經代業務處副總甘立帆也發現到，范董對業務人心的掌握非常精準。當保險公司將代理費發給永旭保經時，除了公司必要的成本外，范董幾乎都分給業務同仁，因為范董要的是人才。他了解到「愛

財」與「愛才」之間，只能選一種。而他選擇了「愛
才」，古人說：「財聚人散，財散人聚」，並非沒有道理。
如此一來，業務員賺到錢，當然會湧泉以報，更努力
地衝業績。

范董懂得用「重賞」款待
業績好的業務員，並且把他們
塑造成「超級巨星」。其中最
為人稱道的就是「永旭之星」
和「千萬年薪俱樂部」的餐會，
許多優秀的業務員都以能夠參
加這兩種餐會感到尊榮。特別
是「千萬年薪俱樂部」的晚宴

圖 7-1　在頒獎典禮上，為
每位會員披上「千萬俱樂
部」彩帶，以及舉辦榮譽
晚宴，是永旭每年高手交
流的盛事。

排場十分豪奢，用心程度更是直逼國宴等級，令與會
的同仁感到驚喜不已。

畢竟超級業務員身上的DNA永遠有著「名與利」，
在鞭策他們不眠不休地投入工作，激勵業務員全心投
入銷售的目標正是「名利雙收」這四個字。公司有多

圖 7-2　在頒獎典禮上，為每位會員披上「千萬俱樂部」彩帶，以及舉辦榮譽晚宴，是永旭每年高手交流的盛事。

少業績跟決策者能不能拉攏人心很重要，想要拉攏人心就是要「讓利」，這個道理並不難懂，那為什麼永旭可以做得成功？

　　范董有著獅子般的性格，保險公司給的資源在哪裡，他就讓團隊業務員能聞得到「血腥味」，而當他把這些資源加以包裝成獎勵釋出的時候，業務員就能嗅到其中的眉角，迅速地將獎勵轉化成實際的業績。所以，如果問業務員為何會選擇永旭，或是來永旭之後最為驚訝之處，應該就在於「在永旭，老闆真的很敢給」。范董常

說：「造舞台，找人才，給資源是我們的政策。我相信只要把舞台建立好，然後給予資源，業務員就會在舞台上發揮！」

業務長郭文弼表示，以他在原公司一樣的成績做比較，在永旭的實際收入是原來的兩倍以上。他表示，原因之一是

圖 7-3　幽默坦率，常保赤子之心的范董，給人非常溫暖的感覺。

保險公司與保經公司的「佣金計算」不同，原因之二則是「容易增員，也容易銷售」，而這兩項制度的加乘效果，正是永旭保經能夠快速增員、業績持續擴大的重要關鍵。

許多從單一保險公司轉到永旭保經的人也表示認同，讓他們頻呼差太多了。年輕的邱奕瀚副總表示在前公司一年的年薪最多只有 200 萬元。然而當他到永旭之後，五年來不僅順利考上經紀人，目前約有兩百位左右的夥伴，年收入已超過 500 萬元。營運長蔡坤

宏也說：「之前大樹保險公司和現在的差異就是三倍，」

他笑笑地說：「差不多就是一千萬的差別吧！」

目前市場上各家保經公司制度可能是「二八分」、「三七分」或「四六分」，有些重續佣，有些則重首佣，有些強調他項獎金……，因此制度五花八門，光是研究每一家的名詞、定義，就完全不一樣，正因為每一家保經公司的佣金發放制度太過複雜，比較基礎又常不統一及混亂，業務員入行前根本無從比較，也無所適從。

俗話說：「男怕入錯行，女怕嫁錯郎」，為了讓夥伴們了解並且安心，黃安慶資深副總在決定來永旭保經之前，找了十家主要的保經公司仔細研究。結果，讓他很驚訝的是：獎金最高的就是在社群網站上被攻擊最厲害的永旭保經。

那麼，為什麼傳言永旭保經的佣金會被打折，但實際算出來獎金卻比其他公司高？這得先了解用來計算業務員佣金多寡的兩種制度：FYC（First Year Commission） 與 FYB（First Year Bonus）。FYC 與

FYB 都是保險業計算業務員銷售佣金的制度，只是名稱不同而已。然而，說到計算業務員銷售佣金的 FYC 與 FYB 制度，就算是保險業的從業人員，恐怕也沒有幾位真正搞懂過。但簡而言之，用淺顯的語言說的話，FYC 類似「要考核的底薪制」，而 FYB 類似「不考核的獎金制」。

目前所有的保險公司幾乎都是採取 FYC 制度，至於保經公司則多採取 FYB 制度，只有少數需要考核的公司，有人也稱此為「類保險公司」。「類保險公司」是指雖然掛著保經公司的招牌，卻實施跟保險公司一樣的考核制度，例如出勤的考核、業績的考核⋯⋯，所以就是「類似」保險公司的保險經紀人公司。

對此呂文雄解釋，由於保險公司發給保經公司的錢都是一樣的，只是保經公司拿到後，是發給誰而已。所以，FYC 制度對公司股東來說比較好，因為公司發出去的基礎較少，業務員可領到的自然會較少。但相對地，對於實行 FYB 制度的老闆來說，就會比較不好，

因為公司給出去的比較多，但是對業務員比較好，因為領得比較多。

說了半天，大部分的人一定還是霧煞煞，簡單來說就是同一商品實際到業務員口袋的比較，我們來看看依現行制度，永旭的業務員們到底可以領到多少佣金及獎勵？請搭配圖 7-4 對照。

1. 銷售佣金及「差趴獎金」

保險公司的代理費佣金在進入永旭之後，公司只扣除掉 20% 的成本（用於繳交營業稅、公司管銷成本，還有之後會提到的內、外三代及無限代組織津貼）後，就全數發給業務員。

當然，依照職階來看，銷售人員從最低的業務專員、副理、區經理、處經理、協理，一直到資深協理。每一職階可以領到的佣金率都不一樣，這就是所謂的「差趴制」。簡單來說，「差趴制」的基礎是：假設保險公司發給保經公司的代理費（俗稱「來佣」）是

100 元，以永旭保經為例，是乘以 80% 後，全部發放給銷售的業務員及組織。

2. 每月績效獎金、繼續率獎金、服務津貼

如果職階是事業體協理，可以多領取一筆「二分之一繼續率獎金」及「每月績效獎金」。如果是資深協理，除了可領全額的「繼續率獎金」外，還可以再領取一筆「服務津貼」。請見表 7-1。

表 7-1：每月績效獎金

FYB	（事業部）資深協理	（事業體）協理
30 萬元	0.7%	0.3%
60 萬元	1.4%	0.6%
150 萬元	2.1%	0.9%
200 萬元	2.8%	1.2%

3. 事業部（內三代）組織獎金

內三代組織獎金，是以事業部對事業部的方式領取。舉例來說，如果本身是事業部資深協理，下面還

有第一、第二及第三代，職階相同的資深協理。那麼，當下面第一代、第二代及第三代資深協理有銷售業績時，本身也可以分別抽取其業績FYB 6%、2%及1%的「組織獎金」。請見表7-2。

表7-2：內三代組織獎金領取趴數（％）

領取趴數（％）	資深協理	協理
第一代	6%	2%
第二代	2%	1.5%
第三代	1%	1%

4. 行政中心（外三代）組織獎金及職場津貼

至於外三代組織獎金，則是以「行政中心對行政中心」的方式領取。舉例來說：如果本身是事業部資深副總，下面的夥伴非常爭氣，陸續成立了第一代、第二代及第三代的「營業部」。那麼，當下面第一代、第二代及第三代「營業部」有銷售業績時，本身也可以分別領取其業績（FYB）1%、0.5%及0.25%的「組織

獎金」。除此之外，屬於營業部及營業處的行政中心，還可以視 FYB 業績的多寡，額外獲得 1% 至 3% 或 6% 至 10% 的「職場津貼」。請見表 7-3 與 7-4。

表 7-3：外三代（行政中心）組織獎金領取趴數（%）

營業部	領取趴數（%）
第一代	1%
第二代	0.5%
第三代	0.25%
趴數（%）加總	1.75%

表 7-4：行政中心職場津貼領取趴數（%）

業績（FYB）要求	領取趴數（%）營業部	領取趴數（%）營業處
50 萬元以上	1%	6% 至 10%
200 萬元以上	2%	6% 至 10%
2400 萬元以上	3%	6% 至 10%

5.「無限代」組織獎金

由於內三代或外三代的組織獎金，最多就只發到第三代。所以，假設底下的夥伴個個都是個人銷售以及

組織增員的高手，也都能獨當一面，成為職場負責人，且代數超過三代以上，那麼此人又可以依其職階，領取無限代的組織獎金。請見表 7-5。

表 7-5：無限代領取趴數（%）

職階	本身	第一代
執行長	1%	--
營運長	1%	0.5%
執行副總	1%	0.5%
資深副總	0.5%	0.6%

6. 其他佣獎及津貼

永旭保經的夥伴，除了可按不同職階及業績，領取以上五項佣金、獎勵之外，還有以下兩項佣獎及津貼：

- 每月有繳行政管理費者，都可以按每月業績，領取 5% 的專職津貼。
- 銷售的保單是期繳件還可以獲續期佣金。最後每年還可以獲得當年度所做業績（FYB）7% 至 12% 的年終獎金。

光是看以上六項，對永旭人可能領到的佣金、獎金與各種津貼，可能還沒有太深的印象。把以上數字相加才讓人了解，永旭到底讓利到什麼樣瘋狂的程度。請搭配圖 7-4 對照。

　　首先，保險公司的代理費進入公司之後，永旭把其中的 80%，全部都作為佣金發出（圖 7-4 左下角的部分）。雖然最底層的業專，沒有 100% 領到所有的佣金，但剩下來的差額是發給輔導的主管，這是分潤。

　　其次，內三代（圖 7-4 右方粉紅色部分，總共是 9%）加外三代及職場津貼（圖 7-4 右上綠色部分，總共 5.75%），以及「無限代」（圖 7-4 左上方黃色、粉色及紫色部分，總共 5.1%），整體組織津貼就有 16.85% 至 18.85%，再乘上 80% 的方式給付。等於公司在原先預留的 20% 中，又給出去 13.48% 至 15.08% 的獎金與津貼。剩下的留給公司負擔營業稅及營所稅。難怪永旭有很多同仁常常在臉書上貼文說：「老闆，真的很不好意思，我領太多了。」、「范董早安！我

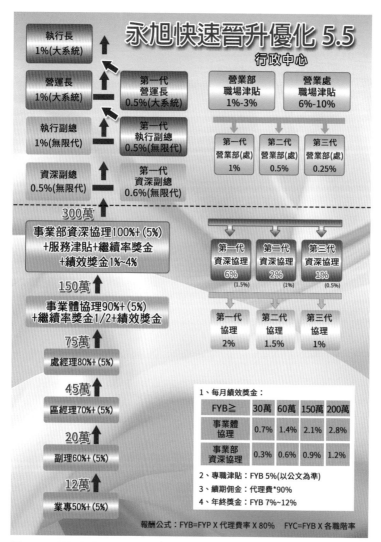

圖 7-4 從優化制度 2.0 開始到目前的優化制度 5.5，可見永旭在制度上的用心。

破了有史以來做保險的單月紀錄，夭壽開心，能量頻率 1000 以上。」

很多永旭的業務員就常被同業問：「永旭發獎金發成這樣子，不會倒嗎？」其實，這不是范董算盤撥錯了，他是用規模經濟的理論來賺錢。一位業者直言，有的公司老闆就是要賺總業績的 5% 或 10%，但永旭則看公司只要有賺錢就可以了。其實很多保經公司的老闆並沒有想清楚：他們只看到所賺的趴數變低，卻沒想到當業績規模變大時，反而賺更多。正因為范董的思維結構完全不一樣，所以永旭才能不斷讓利。

范董大器、沒私心，他幫大家做增員但不帶組織，只賺公司的利潤而已。因為自己沒有帶部隊，在事情的處理上就會比較公正，不會有私心，這就是無私。不帶組織就沒有組織利益，不要小看組織利益只有一點點，就算只有 1%，公司業績幾十億的 1%，就會有幾千萬的利潤，但是他們沒有這樣子做，這就是大器，一般人想得到，但不一定做得到。

很多老闆會選擇要先有獲利，但范董的思維會跟大家一起，先共同創造利潤再來分潤，這就是建立一套成功的「商業模式」。何謂「一起」？何謂「共同」？就是「同時共好」的意思，不必等到老闆有錢再看他決定要不要分潤，而是「一起創造，同時共好」。

業務長郭文弼舉實例指出，假設公司業績是 1 億元，自留 20% 後是 2000 萬元。由於公司要支付員工薪水、稅等費用。所以，當公司的固定成本是 2000 萬元時，那公司就等於沒賺錢，利潤為零。如果公司的營業額增加到 20 億元（FYB 為 1.6 億元），因為制度優化只增加 4000 萬元成本，而公司固定成本不變，公司還會有約 1 億元的利潤。而這就是常常聽到的一句順口溜「本大利小，利不小；本小利大，利不大」的核心要義。

事實上，永旭給業務同仁的錢，還不只是來自於保險公司所給的代理費而已，還有其他保經公司少見的「財補計畫」，以及令同業稱羨的「旅遊制度」。那麼，

這兩筆錢又是從哪裡來的呢？

呂總以安聯投資型保單為例指出，第一名的永旭賣了 150、160 億元，而第二名的公司，才只有 30、40 億元的業績。多衝出的業績，保險公司就多給幾趴合約內的超額獎金，這樣就可以成為永旭員工出國旅遊的經費了。這也是為什麼要成為大保經的原因。「只有你公司業績規模夠大，才有機會獲得更高的合約利益。」他說。

然而，永旭的讓利制度是逐步演化而來的。圖 7-4 是永旭保經各階段制度優化的過程。

公司剛成立時，只有左下角藍色部分，那時叫 1.0。而制度優化 2.0，是 2014 年推出的。負責行政事務的行政副總葉佳瑋表示，制度 2.0 的優化，是要貫徹范董的「讓利」思維，以吸引更多外面的好手來永旭，正所謂「花若盛開，蝴蝶自來」，先把自己搞好，不怕人才不過來。

范董解釋：「制度本身就是競爭力的基礎，也是公

司的武器之一。我們要跟人家比拚、爭取人才，就要把其他家的優點加進去。比如說，保經的制度是沒有『無限代』的，我們就發明了一個『無限代』（制度優化2.0），以及資深副總多0.5%和執行副總多1%。」

呂文雄補充，2014年第一批台灣人壽的夥伴進入公司，可以說是永旭保經一個重要的轉折點，公司才思考加了「無限代」（圖7-4黃色部分）的設計。接著2018年開始制度優化3.0再增加了外三代（綠色部分）。2020年之後實施4.0制度，人數又一次大爆發。

范董認為，真正讓永旭脫胎換骨的，是制度4.0的優化。在業績已經穩定成長的時候順勢推出制度優化4.0，把第一代、第二代、第三代資深協理的組織津貼趴數，從原本的1.5%、1%及0.5%調高為6%、2%及1%。且正是因為這個制度優化4.0，才讓永旭保經的人力增加，出現大爆發性的成長。

范董強調，不論是制度2.0、3.0、4.0、5.0或5.5，永旭採取的是「優化」制度，而不是「更改」制度，

因為這些分潤，都是從股東那邊讓利出來的，也就是所謂的「分潤、讓利」，並不是像其他保經公司那樣，是透過挖東牆、補西牆的方式，更改制度的內容。也就是說，永旭每一次的制度優化，都是「讓利」、吸引更多的人進來。

至於制度優化的讓利來源，葉佳瑋笑說：「都是靠我們可愛的呂總，一家一家跟保險公司談出來的。」以制度優化 5.5 為例，如果是在公司剛成立時所寫，保證公司一定倒，因為公司那時候光獲利都很辛苦了，根本無利可讓。

范董說永旭在單一保險公司一年的業績超過 160 億元，保險公司提供合約內超額獎金，永旭當然有讓利的底氣。永旭的通路已經建立得很紮實了，除非公司高層亂搞，否則不會崩盤。有錢大家賺，高層主管就沒有異動的誘因。這樣的業績規模，公司一樣有利潤，只是趴數少賺一點而已。

「企業不賺錢是罪惡」並不等於「企業要以賺錢為

圖 7-5 頒獎典禮上，得獎人員蕭允中營運長受夾道歡呼入場。

唯一目的」或「企業賺越多錢越好」，企業經營也要盡社會責任。

范董說：「業務單位經營的心法就是關係靠互動，業務靠感動，跳槽靠心動。公司拿到了額外的佣獎，我會把它發出去。這也是永旭一直在講的

『分潤、讓利、共享』。我們建立了這套商業模式，把得到的利益分享出去。大家能賺到錢，公司的業績也才會越來越多。」

呂總自信地表示：「業務員去哪裡都沒有在這裡這麼好，我們就是要讓來的人都賺到錢，把收入的目標放在年收

圖 7-6 112 年「千萬俱樂部」首席尤黃麗雯的致詞，既感恩公司內勤同仁的付出，也激勵業務同仁的士氣。

入破 1000 萬元，成為『千萬年薪俱樂部』的一員，這

樣他們根本就不會想離開了。」

第八章

領導者必修的功課

一、我的事業讓我享受人生：淺談永旭的茶酒
　　文化

　　說到永旭保經的企業文化，同業或是外界人士幾乎都會說：「吃飯、喝酒」。就連董事長也是在臉書上開玩笑說「永旭保經」就是「永酗飽經」。事實上，「永酗飽經」這四個字絕非浪得虛名。因為永旭保經上下，不管是同事聯誼或是招待朋友，已經把吃飯、喝酒當作情感交流的重要方式。

　　除了聯絡感情及招待朋友，吃飯喝酒在永旭保經也擔負了增員的任務。執行長王慧玲回憶她第一次跟范董見面是約在高鐵左營站的一個餐廳。原本以為是面談，「結果我一去的時候，就是在一個餐廳裡包廂的大圓桌，裡面包括范董、總經理在內的公司大咖幾乎全都到了。然後，我們就開始吃飯、喝酒兼面談，」她說。

　　范董比較不喜歡正經八百地拿麥克風談創業說明會，他反而比較喜歡在飯局上談增員，他說吃飯喝酒

比嚴肅的創業說明會輕鬆，而且有效多了！事實上，范董帶著重要的主管，宴請增員的主管，以及被增員的人，其功能就是展現誠意。不管對方有沒有意思要來永旭，朋友還是得交，飯也是總得吃。因此不管是客人、增員

圖 8-1　在餐會上，董事長總是會把最難得、最好的菜端上來，讓同仁感受到永旭滿滿的誠意。

對象，或是保險公司的主管來訪，范董都會帶他們到「來來海鮮」用餐。有人問為什麼要選擇「來來海鮮」？范董說：「廢話！帶增員的人來『來來』，光聽餐廳名稱就是食拿酒穩（十拿九穩）的啊！」

　　有人問范董：「你每次用多少預算去吃飯？」范董說：「我沒有在看預算的啦，如果連吃飯都要算成本，那會是很累的事。」常將「飯總是要吃的」掛在嘴上的他說：「我們去來來請客，都是點最貴的，因為請人吃飯，就是重在那種誠意的感覺，吃貴一點的、好

一點的，就是我們誠意的表現。用好酒、好菜誠意款待，也是增員的一大助力，先不管人家要不要來，先端出我們的誠意來，那種氛圍馬上就出來了。」

副董曾清德甚至引業界一句「酒量代表業績量」的話表示，正因為永旭人的酒量好，很多優秀的業務員才因此進來永旭。策略長莊正華也直言，業務員要會用酒戰天下。的確早期很多優秀的業務同仁，酒量都非常好，草根性格強的呂總說：「喝酒其實只是從南部起家的永旭人第一步『搏感情』誠意的表現，來不來都是要當作朋友的嘛！不過還是要持平解釋一下，在永旭也是有不喝酒、業績也很好的人。他們擁有許多的專業證照，包括國家考試通過的保險經紀人證照，酒量好只是他們的另一項才華而已。」

台新人壽保經代業務處的甘副總說：「永旭的喝酒及吃飯文化，是凝聚向心力的一個重點。全世界業務的本質，不就是這樣嗎？因為員工賺了錢，再享受下工後快樂吃飯、喝酒的感覺。就好像七〇、八〇年代，

台灣經濟起飛，台灣錢淹腳目那種業務暢聊的感覺，是非常貼地氣的。」

受范董之邀，而在永旭保經開設「保險經紀人考照專班」的吳慶明老師認為，表面上是「喝酒」，但卻不是「喝酒」那麼簡單。因為更深層的意涵是：透過熱情地招待一些永旭想要增員的對象，或是事業上的合作夥伴，在喝酒的過程當中，可以很放鬆，很容易交心，這也是一種感情交流。吳慶明老師認為：范董很自然大方地請對方吃飯，讓對方覺得很舒服、很受尊重。又在喝酒的過程當中，彼此之間無話不聊。這也是他認為永旭的喝酒、應酬文化是其他保經公司的老闆很難學習之處。因為，「應酬本身就很辛苦，再說，要好酒、好菜擺上桌的誠意，也是一筆龐大的開銷，銀兩不夠或是主人不夠大器是學不來的，」他說。

儘管永旭人愛吃喝，但是絕對遵守以下兩個原則：「公事優先」、「喝酒不勸酒」。一般人對於喝酒的印象，往往是負面的居多。但是，與永旭保經有十多

年業務往來的安聯人壽巫世偉副總說：「永旭人做公事的時候，酒是不會碰的。」他舉例，有一次他去跟永旭的人開一場兩天一夜的進修會。想說，上了一整天的課，晚上總該大家要放鬆一下，結果范董說：「沒有喔，我們兩天的進修會期間我是不喝酒的喔。」害他有點小小地失望！

巫副總說：「內行人看門道，外行人看熱鬧，范董和呂總其實公私分得很清楚。外人看到的都是他們在吃吃喝喝，不過在喝酒吃飯之前，把該講的內容先交待清楚，確定無誤之後再開始喝。」除此之外，范董也秉持「喝酒不勸酒」的做法，例如完全不會喝酒的王慧玲執行長也表示，她來永旭這麼多年，范董完全是採取「妳要喝酒就喝，不喝酒的話，喝飲料也可以」的態度。

永旭人不是只愛喝酒，也講究喝茶文化

永旭人除了吃飯喝酒外，也愛喝茶，范董在他特別為增員及面談所規劃的董事長會客室裡面，有一張大桌

子作為專用的泡茶桌。在桌子旁邊，除了少數從各地旅遊帶回來的咖啡杯外，就是滿櫃子的茶壺及普洱茶。

圖 8-2　雙手並用，雙管齊下，在總公司的泡茶桌上，總是可以看到董事長熱情地泡茶招呼到訪的來賓。

范董喝茶的歷史可以追溯到念大學的時期。他先跟著流行，喝鹿谷的凍頂烏龍茶，後來也喝梨山、大禹嶺等高山茶。之後，跟喜愛普洱茶的同學一起喝普洱茶。一開始他也跟著喝當時還很便宜的紅印、藍印、黃印普洱茶，到現在一個紅印據說都要 100 萬元以上了。

也因為愛喝茶，大學時期的范董就開始有養壺的習慣。但是粗手粗腳的他，常失手將壺打破之後，就不怎麼養壺了。唯有每天喝茶的習慣，至今未改。目前，除了辦公室以外，自己的家裡也擺了一個茶桌。大家也都

圖 8-3 「萬丈紅塵三杯酒,千秋大業一盞茶」這種豪情與堅持,正是永旭的茶酒文化。

知道范董辦公室有好喝的茶葉。范董當然也是不藏私,不管公司同仁討論事情、有客人來訪,都是由他親手泡最好的普洱招待客人。

所謂「萬丈紅塵三杯酒,千秋大業一盞茶」,受到范董的茶酒文化影響,許多不喝酒的同仁也開始養成喝茶的習慣。業務長郭文弼、執行長劉明朗,及通路長邱錫玄的辦公室,都備有整套茶具,甚至連年輕的職場負責人也在辦公室放了全套茶具和茶葉來招待客人。

二、海納百川,造舞台、找人才、給資源,業績自然來!

經過一次又一次的制度優化,一波又一波的擴大

增員，永旭逐漸形成如今的規模。現在永旭找的人不是保險公司混不下去的，而是網羅各保險公司的精英，再由這些精英號召整個「肉粽串」一起過來。范董只要先找到「肉粽頭」，後面就陸續會有其他業務員被召喚過來。

因為永旭的政策是不考核業績及出席率等，想要維持業績的力道就是持續地增員，也就是說，增員更多的人進入公司，才能創造更多的業績。為了不斷地吸引人才，以持續壯大公司，呂總提出永旭保經的三本理論：「本錢永旭出；本事永旭教；本人自己來」，並且推出「造舞台，找人才，給資源」的增員策略。

「彩虹之美，在於多色共存；人生之美，在於多人共舞。」這是呂總自己所創的順口溜，他說：「一位業務員如果在只有一百人的公司裡，就算他做到第一名，也不會有特別的感覺。然而在一個七千人的公司裡，得到第一名的榮譽，那種感覺就完全不一樣了。也就是說，在頒獎典禮中只有一百個人鼓掌，跟有幾

千個人鼓掌，氣氛就差很多。而永旭 2024 年的春酒，總共有兩千多人參加，氣氛當然就是不同凡響了。」

2024 年，永旭的高峰旅遊在峇厘島，共有八百多人同時參加。整個峇厘島的餐廳、按摩店、景區街道幾乎隨時隨地都可以看見穿著永旭 Polo 衫的業務員穿梭其間，不管購物、吃飯、消費，呂總認為那「身歷其境」的感覺就是爽。他認為業務員不只在乎「賺不賺錢」而已，他們還要榮譽、要舞台。所謂的「要榮譽」就是要披彩帶，而「要舞台」就是要有很多人在台下賣力鼓掌，有很多人彼此激勵、相互扶持、輪流承擔，這就是「共榮」。

呂總心有所感地表示：「從事保險這一行，其實也很簡單。你要對大家好，大家都會對你好；你若只顧自己、不顧兄弟，再好的兄弟也會變不好。」呂總笑笑地說：「2008 年因為雷曼沒有兄弟才會倒，雷曼要是那時候有兄弟就不會倒了。」

所以，他自己最大的期望就是所有同仁都是永旭

圖 8-4　2023 年超過 750 人的峇里島海外旅遊，預估 2024 年的曼谷海外旅遊將會超過 1000 人參加。

的兄弟，都是董仔的兄弟，都是總仔的兄弟，大家都是一家人，同心協力讓公司經營得越來越好，絕對不要像當初被人看「三小」。他要讓永旭老員工貫徹「我的事業讓我享受人生」的口號，進來永旭的新血輪追求「未來從現在開始」的目標。「因為，我們所經營的永旭保經，是一家要永續經營的公司。」

三、分潤、讓利、共享的幸福企業

永旭保經的企業文化，充滿了幸福感、認同感及向心力。為什麼永旭會特別強調成為「幸福企業」？范董解釋：「很多保險業務員拚事業，拚到最後忘了家人，連家庭都沒有了。所以，永旭的公司旅遊，非常歡迎夥伴們攜帶家眷。因為員工帶爸爸、媽媽來，帶家人來，

圖 8-5　越南富國島，職場負責人及內勤的員工旅遊。

讓他們參與，這樣，他們對保險這個行業才會有信心。我們公司很重視家庭，我們相信任何事業的成功都彌補不了家庭的失敗，有家庭的力量做後盾，業務員才有辦法走得更遠。」

曾清德也強調，在永旭的「五大信念」裡面，特別提到「家庭」，因為：如果業務員一天到晚都為家事煩惱，就不會有心情做事業，保險也一定不會好。他說他看過太多保險公司的業務員，家庭方面沒有處理好，連帶影響到公司，業績表現就萎縮了。

呂總覺得，開公司當老闆要有社會責任，讓業務員賺到錢是天經地義的事，因為業務員代表一個家庭，他們要養家活口。永旭的五大信念是指「道德、家庭、健康、人際、信仰」，呂總說，唯有公司往上提升，也才能帶動下面的業務員往上提升，這樣子才是健康的企業文化。呂總更進一步補充：道德和信仰是事業的基礎，而所謂的「健康」，是指健康的心態。什麼是健康的心態？就是人與人之間要相互扶持，互為貴

人。不要每天八卦，講別人的壞話，那真的是很不好。

關於永旭的人際就是「幸福、快樂、賺錢」的文化，范董把整個公司的氛圍經營得非常好，也就是說，把永旭的上班風氣，變成是快樂自在的氛圍。而業務員最重要的快樂來源就是能賺到錢，所謂業績治百病，只有賺到錢才是最重要的。如果賺不了錢，那一切都GG（game over）了。邱錫玄認為，企業文化這種東西看似抽象且細微，但卻也是業務員決定是否加入的重點之一，更不是別的公司想模仿就模仿得來的。

四、永旭順口溜，真實體現永旭的企業文化

相較於身材高大、性格大氣，但是不擅於公開上台致詞的范董，永旭保經另一號靈魂人物——呂總，則是另一種領導者的風格。他最為人津津樂道的，就是他「妙語如珠」的好口才，常常以就地取材的實例，總能在餐會或各個大小場合中，炒熱氣氛，令人印象深刻。

事實上，永旭許多朗朗上口的 slogan，正是出自於呂總之口。這些脫口而出的智慧之言正是他歷盡滄桑的生活語言。例如他有一句話是：「你認真，我們就當真。」意思是，任何人只要肯來永旭，並且認真打拚，不論想要什麼、做什麼，公司就會當真地全力支援。因為他認為，不論是什麼行業的員工，必須先在客戶或是老闆面前表現出認真的態度並踏實努力，才能獲得對方的支持。

「泰山不讓土壤，故能成其大，河海不擇細流，故能就其深。」說到保經公司的經營，就是增員兩個字。唯有增員更多人，才能創造出更高的業績。所以，呂總先是喊出「造舞台，找人才，給資源」的增員政策，且為了公司的長遠發展，因應多元的社會，他又喊出「彩虹之美，在於多色共存；人生之美，在於多人共榮。」因為就像「彩虹有多種顏色」一樣，呂總認為經營一家公司，就必須什麼人都要有，包容不同聲音，接納不同族群。所謂「海納百川，有容乃大」，「假

設只用某一種人，公司很快就會 GG（game over）了，」他再三強調。

還有，呂總會用「頻頻回首，走不了遠路」、「遠行，要有獨行的準備」，來鼓勵有心想要轉換跑道的同業，一旦決定之後，就要有破釜沉舟的決心。在他話裡頭的「頻頻回首」，就是提醒業務員，在做事業的過程中千萬不要往後看，也不必留後路。在永旭，只要你有能力，公司就會給資源，不必怕沒有舞台。

他舉例指出，之前保險業有些業務員，捨不掉續佣及組織獎金，不敢離開原公司，就用劈腿的方式，自己還在原保險公司，再找家人在另一家保經公司登錄、做業績。可是呂總認為，這樣的做法，就是沒有決心及一心二用的表現。後來，當此人下定決心過來保經公司之後卻發現：很多職位比他高的同事，居然都是以前底下的業務員。呂總遂認為，這就叫做「捨不得，動彈不得；放不下，付出代價」。

所以呂總常常在增員時勸一些仍在舉棋不定的人，

如果真要「做事業」，就是要一直往前衝，該破釜沉舟的時候就不能想太多，因為，當人一直在看自己的續佣，或是放不下既有的「雞肋」，是不可能勇往直前的。

而這句話的後半段，則是鼓勵想走出原本舒適圈的同行，在放掉原來擁有的成績之際，也不需要想「誰來跟我？」因為只有你做得好，人家才會出來跟著你，這才是「要遠行，要有獨行準備」、「花若盛開，蝴蝶自來」的真義。他說：「你先離開，專心做個一年，只要你表現夠好，其他尚在觀望的人就會來跟你。」

在永旭創立之初的階段，呂總就說「豪華自己去增員，平凡自己去推銷」。呂總解釋：「要去增員人，你必須穿得很稱頭，開的車也要很帥趴。因為你今天假設是被增員者，當你看到增員你的人，收入都這麼少了，還可以增員人嗎？」所以，呂總認為增員時，豪華自己是非常重要的。但是面對客戶，你要展現的是良好的服務態度以及專業知識，那才是客戶想要的。業務員以合宜的應對進退展現在客戶面前才能夠不卑

不亢，不要太自卑，也不必以那微不足道的成就自炫，這就是「平凡自己去推銷、去服務」。

五、成立「永旭希望工程慈善協會」

　　說到成立永旭希望工程慈善協會，種子很早就在董娘張淑儀的心裡種下。她跟范董結婚之初，范董的收入並不穩定，她是家中唯一穩定的經濟來源。除了家用、養育兩個小孩之外，還得應付范董的朋友，以及公司資金的周轉調度，經濟上絕對稱不上寬裕。但是，她認為「助人最樂」，幫助他人是一件很快樂的事情，因此每月有固定捐款的習慣。只是一個人的力量畢竟很有限，張淑儀的心願就是成立慈善基金那

圖 8-6　創立永旭希望工程慈善協會，取之於社會，用之於社會。

樣的機構，透過眾人的力量幫助更多人。

　　真正促成希望工程慈善協會的動力是在永旭保經正式成立之後。擔任希望工程總幹事的邱錫玄回憶，有一天，他剛好跟董娘聊天，不知怎地就聊到：「我們做保險的人，業績既然取之於四面八方，也應該要回饋四面八方。」因為邱錫玄跟張淑儀原本就有定期捐款的習慣，也覺得公司一定有其他很多同事都有在捐款，所以張淑儀就提議：「那不然，以後我們公司有能力時，就來成立一個慈善協會，集合大家的力量一起做公益。」

圖 8-7　「永旭希望工程慈善協會」的會員大會。

　　那時候，邱錫玄還回董娘一句：「好啊，如果真成

立慈善協會,我就當妳的總幹事!」怎知道這個願望在隔了一年之後,就在 2016 年 10 月,永旭希望工程慈善協會就真的成立了。張淑儀是第一任及第二任的理事長,第三任理事長則是永旭的總經理呂文雄,總幹事至今都一直是邱錫玄。

起心動念是「取之於社會,用之於社會」,單純只想「回饋社會」的一行人,雖然都是有心做公益,但說到要成立協會,這些人都毫無頭緒。於是在詢問過會計師,依照協會成立的規範後,永旭希望工程協會

圖 8-8　范董代表永旭保經公司捐款新台幣 1 千萬給希望工程慈善協會。

正式成立了。之所以用「希望」，就是有感於世上苦人多，希望這些人都能越來越好。至於「工程」二字，則是認為捐助活動是長遠的路，不是只做一次，而是要長長久久地做下去。

名字確認之後，再透過大家的腦力激盪，慢慢想出了「育幼」（讓小孩子接受教育，才有機會去翻轉他們不幸的命運）以及「救急」和「扶老」三大宗旨。協會剛開始時，95% 的捐款都來自永旭保經，如果有個案經費不夠，范董、董娘、呂總跟一些高階主管都會額外捐款。直到近兩年，永旭夥伴們看到他們的默默付出及活動成果，紛紛加入希望工程慈善協會，捐款就跟著慢慢變多了。

由於希望工程慈善協會的各項捐助是來自眾人的愛心，大家

圖 8-9　看到弱勢兒童滿滿的笑容，就是施比受更有福的最佳寫照。

是省吃簡用地投入公益，因此必須要有「精打細算」、「錢花在刀口上」的理念、特色與巧思。例如，一般捐助都集中在捐救護車上，畢竟救護車滿街到處跑，能被人看到的機會更高。但是一台含設備的救護車，需要400、500萬元。可是當時希望工程的款項，一年湊一湊也才100多萬元，根本連一台救護車也捐不起。

圖 8-10　從一開始的第一輛救災指揮車給縣市政府消防局，到目前已經持續捐贈超過 25 輛救災指揮車了。

後來經人建議，可以改捐「救災指揮車」，因為考慮到預算，希望工程就先捐一台 100 多萬的急難救助車。剛捐完第一台四輪傳動救災指揮車之後，受贈的消防隊就在荖濃溪順利救到一位溺水者。邱錫玄說：

「由溪邊到馬路之間的地形是砂礫地，一般救護車是過不了的。可是，如果靠人力搬運會延誤送醫時間。」所以，希望工程捐的那台四輪傳動車，發揮了最大的功效，直接從溪邊載送溺水者就醫，挽救了溺水者的生命。也因為這個事件，讓希望工程理解到捐助這種救災指揮車的重要性。從第一年一台、第二年兩台，到現在希望工程目前是每年捐五台，而所捐贈的消防單位已經遍及全台。

希望工程是在捐了第一台救災指揮車之後，邱錫玄等人才在宗旨中加入了「救急」一項，以「名實相符」。邱錫玄解釋說，兩者的確是有關係的。之所以「救急」與「育幼」有關，是因為在台灣發生災難的時候，小孩子反而比大人更容易陷於風險困境中。除此之外，發生天災時有人捐助了非常多的物資，如果親自運送到現場，反倒造成救災路上塞車。可是，如果救災的指揮系統先進駐，對災情的控制與調度將更好。更何況，老舊的救災車去救災，半路反而因為車子故障變

成需要被救的對象。所以，希望工程也都一直在捐有特殊目的及重要性的救災指揮車，從第一輛開始到目前為止已經捐了二十五台救災指揮車了。

圖 8-11 「永旭希望工程慈善協會」每年捐贈數十噸的希望米，給弱勢家庭帶來溫暖及關懷。

經過兩、三年，慢慢熟悉捐助運作之後，在永旭的同仁也會把位於偏鄉、

圖 8-12 「永旭希望工程慈善協會」每年捐贈數十噸的希望米，給弱勢家庭帶來溫暖及關懷。

需要救助的案件資訊傳過來。然後，邱錫玄等人又開始思考：雖說世上苦人多，但很多上了年紀的窮人，卻只有有苦說不出的無奈，也實在需要他人的協助。所以之後，希望工程的宗旨，就由理事長張淑儀正式確定為「育幼、救急、扶老」。

圖 8-13 響應「捐血一袋，救人一命」，捐贈價值 1500 萬的永旭希望 1 號環保捐血車。

　　希望工程及「希望米」的捐助項目非常多，范董事長要求要以「配合使用者需求」及「錢花在刀口上」為前提。舉例來說，考慮冬天的路面會結霜，所以捐給嘉義消防隊的是四輪傳動的救災指揮車；考慮到花蓮地區發生山崩的機率高，因此捐助當地最需要的直

升機專用進口的救難繩，這種救難繩一條幾百公尺就要價 20 萬元，但是用幾次就可能要汰換掉；位在山區的偏鄉單位，考慮到救難人員可能在進入災難現場後，因為路坍塌而被困住，為了能透過對講機、手機等對外聯絡，就非常需要相關的充電設備……。

2024 年是永旭保經成立的二十週年，范董想要捐一輛捐血車，為了配合 ESG（E 指環保，S 指社會責任，G 指公司治理）的世界潮流，改捐「純電動」捐血車。只是預算會從原本的 900 萬元一下子爆增到 1500 萬元，為了不要排擠到其他正常捐助，協會分兩年捐贈，從 2023 年啟動，在 2024 年 3 月捐出。

第九章

永旭的未來，來自永續

一、未來從現在開始

近年來，國內的保險經紀產業進入了百家爭鳴、百花齊放的戰國時代。業者競相出來開設保經公司，業務員也競相投入保經公司，保經公司進入蓬勃發展的新時代，當然也進入了物競天擇、優勝劣敗的時代。隨著保險業界生態的改變，永旭有優於同業的制度加持，以及來自各路英雄好漢的助攻，讓一心想要打「大聯盟」的范董有了更多的籌碼和底氣。

在談到范董為永旭規劃的未來藍圖之前，我們先縱觀一下目前保經業的概況，以及未來的趨勢。

1. 未來趨勢（一）：大者恆大

通路長邱錫玄分析說，目前台灣登記的保經公司超過四百家，各保險公司的普遍做法是只與幾十家較大的保經公司簽約。因為保險公司都有一定的發單成本和有限的服務人力。簽約之後，保險公司要負擔前置

作業、業務通路推廣，以及後勤支援等成本。小保經公司的業績低，單就效益來看，保險公司要與小保經公司簽約的意願本來就不會高。

而當小保經公司無法跟保險公司簽約時，能夠提供給保戶投保的保險商品就比較少，因此比較無法爭取到更多的業務和保戶。如此一來，小保經公司就容易陷入「提供客戶選擇的保單少→吸引客戶少→業績量不夠大→越沒有保險公司願意簽約」的惡性循環之中。

其次，由於各保經公司的固定成本都差不多，但是小保經公司的業績規模不大，在固定成本不變之下，小保經公司的利潤會比較低。由於小保經公司未來的生存備受壓抑，經營者倍感糾結。這也代表著未來的保經市場，將會是一個大者恆大，且小保經將難以生存的必然趨勢。

2. 未來趨勢（二）：產銷分離

過去台灣的保險公司，都會自己養業務部隊，但呂

總以整體趨勢來分析，認為那即將是過去式了。未來，國際上的趨勢是保險業者與保經代（保險經紀人與保險代理人）業者「產銷分離」。也就是說，未來，保險公司就只負責製造保單，並提供核保理賠。至於銷售，則會交給保經代業者。「在國外，其實都是保經公司的天下了，保險公司沒有必要再養業務部隊，它們只要專心把商品做好就好。」

保經公司提供給業務員的條件，會比單純待在某一保險公司更具競爭力。因為現今的保戶，早已經不流行「只買某一家保險公司的商品」的做法了，面對多元需求的客戶，保經公司提供多元商品以滿足客戶的需求。就像進入新世代的戰爭，舊式的武器和新式的武器相比，效能簡直不可同日而語。所以市場的反應就是：客戶想要把錢花在刀口上，因此希望業務員提供的保單組合，也是結合了各家保險公司最優質保單的組合。

保險成交的契機是稍縱即逝的，必須要打鐵趁熱。

對業務員來說，最希望一次就能給客戶最好的規劃。對客戶而言，最希望業務員給予一站式的服務。在保經公司，業務員有滿手的好牌，賣很多家好的商品。但保險公司的業務員與此最大的差別便是：「不論客戶有什麼特殊需求，就只能賣自己單一保險公司的商品。」而這就是這幾年保經代業者的市占率會越來越高的原因。

儘管呂總也認為，保險市場在短期之內，還看不到明顯的產銷分離現象，畢竟保險公司的業務員還是很多，他們也會努力地捍衛自己的江湖地位，不過他們的奮鬥成本將會大幅提高，包括公司和業務員都一樣，這是選擇的宿命，沒有對與錯。但是呂總也不忘提醒：「因為資訊快速流通，有越來越多的保險業務員選擇到保經公司任職。所以，保險公司產銷合一的現象，已經逐漸在鬆動，畢竟趨勢已經確立了。」

呂總以國外如荷蘭和英國的保險公司，以及台灣的友邦人壽為例，這些公司都沒有直營部隊，業績卻一

點也不輸給傳統的保險公司。台灣有些中、小型保險公司，因為業務成本太高，政策也是逐步處理掉自家的直營部隊，例如用考核的方式「放生」業務員，再用刁難的方式讓業務員知難而退，選擇自動離職或跳槽。所以他認為，未來產銷分離絕對是「板上釘釘」、不容置疑的確定趨勢了，接下來只是時間的問題而已。

3. 未來趨勢（三）：監管更嚴

保經公司這十年來的快速成長，從以下兩大具有代表性的重要指標，即能很明顯地看出來：

- 指標（一）：保經公司業務員從業人數增加。

- 指標（二）：保經代業務占比提高。

指標一是「保經公司登錄業務員人數增加」。如表 9-1，根據壽險公會的統計，壽險公司、保代、保經三大通路中，儘管 2024 年 6 月份壽險公司登錄的業務員人數，較 5 月大幅增加八百五十五人，來到二十萬五千八百四十一人。但是，如果與 2023 年底的

二十萬八千五百三十四人相比，在半年內就減少了兩千六百九十三人。

反觀 2024 年 6 月份經紀人公司登錄的業務員，較 5 月增加三百一十一人，達到九萬零七百八十六人，繼續創下歷史新高，不但與 2023 年底的八萬九千三百三十人相比，大增了一千四百五十六人，和保險公司的差距，來回就差了四千一百四十九人，也成為這半年來三大通路中唯一正成長的通路。

表 9-1：2024 年壽險業務員登錄人數概況（單位：人）

時間	壽險公司	代理人公司	經紀人公司	合計
2023 年 12 月	208,534	78,000	89,330	375,864
2024 年 1 月	207,002	78,366	89,352	374,720
2024 年 2 月	205,993	78,212	89,348	373,553
2024 年 3 月	206,179	77,904	89,713	373,796
2024 年 4 月	205,523	77,509	89,978	373,010
2024 年 5 月	204,986	77,567	90,475	373,028
2024 年 6 月	205,841	77,588	90,786	374,215

資料來源：《經濟日報》，2024年7月30日，https://udn.com/news/story/7239/8126974?from=udn-catelistnews_ch2

呂總說：「時代在改變，以前，沒有業務員要來經紀人公司，現在則是大家搶著要來。因為業務員在保經公司賺得比較多，除了同工不同酬之外，還有財務補助等好康。所以日後，保險公司更有可能增員不到新人。」他並預測：「十年後最優秀、最高收入的業務員，應該都會在保經公司。」

指標二是「保經代業績占比增速最大」。如表 9-2，據《工商時報》的報導，傳統保經代通路在 2024 年上半年，新契約保費達 654 億元，較 2023 年同期的 520 億元，年增高達 26%。上半年有五個月賣破 100 億元，尤其五月賣了 128 億元，創史上單月新高，6 月也維持 100 億元以上，達到 116 億元之多。

另就保經代的貢獻度來看，過往保經代占整體壽險新契約保費，多半不到一成，大概在 7% 至 9% 左右。但在 2024 年 5 月時，該比重已拉高到 19%，6 月也有 17%，累積上半年占比達 17.4%，應為史上新高。突顯出保經代通路是 2024 年壽險業績成長的最大關鍵。

表 9-2：近一年壽險新契約保費與通路貢獻（單位：億元）

時間	新契約保費	銀行通路	壽險業務員	傳統保經代
2023 年 6 月	755	214	444	97
2023 年 7 月	741	225	413	102
2023 年 8 月	485	207	199	79
2023 年 9 月	436	193	172	71
2023 年 10 月	535	201	258	77
2023 年 11 月	522	222	206	95
2023 年 12 月	498	176	226	93
2024 年 1 月	666	277	284	105
2024 年 2 月	449	172	198	79
2024 年 3 月	673	276	287	110
2024 年 4 月	603	238	249	116
2024 年 5 月	672	264	280	128
2024 年 6 月	685	232	337	116

資料來源：《工商時報》，2024年8月9日，https://www.chinatimes.com/newspapers/20240809000485-260208?chdtv

　　呂總強調，正因為以上兩大指標的轉變，也讓金融保險監理單位更為重視保經代業者的經營與管理，當然也包括社會責任（ESG）。他認為現象之一，便是「金

融檢查」的對象不同。他進一步指出，十年前的金檢都是以大型保經公司為主，但以 2024 年為例，無論大、中、小型保經公司，全都抽查、接受金檢。例如永旭保經，就是二十多家受金檢的保經公司其中一家。他認為原因就在於：保經公司的市場占比越來越大，為未來可能的「產銷分離」提早做準備。所以，所有大、中、小型保經公司，無論在財務或招攬等方面，都必須要符合一定的規範。相對地，在這樣子的金融檢查之下，中、小型保經公司為了滿足監理單位對法遵、公平待客、IT 及業務員管理的要求，經營成本將大幅提高。

對於這樣的趨勢，呂總不但不擔心，反而認為這是件好事。因為這代表未來要進來此市場，或是要維持夠競爭力的經紀公司，門檻將會更高。「如此一來，對我們這些已經很重視法遵的保經公司來說，反而是一個保障，」他語氣肯定地說。

金管會要管理保經公司，就表示它重視你，未來保

險公司的業務員會更羨慕保經公司的業務員。呂總更預測：「未來十年，全國最優秀、薪水最高的業務員，都會在保經公司，就跟歐美國家一樣。」日後保經業將會是整個保險產業的最大「咖」（角色）。如果這個大趨勢已定，而且「萬事俱備，只欠東風」，那麼即將躋身國內最大保經公司的永旭，將做好什麼準備來迎向未來呢？

呂總回憶說：「公司成立以前，很多人還沒有聽過保險經紀人這個名詞，還得要重複引述《保險法》第9條對於保險經紀人的定義給對方聽。更遑論聽過『永旭保經』這個名字。」他認為，這是台灣保經業必經的歷史過程。但自從有范董的臉書加持，同仁的口碑，再加上左營高鐵站上那一塊超大的「永旭保險經紀人公司」招牌，現在已經有越來越多人認識保險經紀人和永旭保經了。

二、永旭之道，永續經營

　　2024 年 10 月中，台灣安聯人壽總經理羅偉睿（Jan-Joris Louwerier）南下至高雄總公司拜會范董，酒酣耳熱之際，他突然問：「永旭在未來的規劃及目標是什麼？安聯可以提供什麼協助？」這是個大哉問的題目，絕非在餐桌上三言兩語能夠說明的簡答題。其實，2024 年剛好滿二十歲的永旭保經，在范董及呂總兩位領頭羊的引導之下，下一個二十年，會有什麼樣的願景跟想法，早已經胸有成竹了。

圖 9-1　　　　　　　　　圖 9-2
永旭將成為各大保險公司的最佳通路商（圖為安聯人壽台灣區總經理）。

1. 未來目標（一）：準備打大聯盟

儘管業界了解永旭這二十年來篳路藍縷、披荊斬棘，一路由小而大，但是，永旭卻不能以此自滿。因為，保經業的特色就在於「有人，才有業績」。所以，「不斷持續增員」絕對是永旭現在及未來必走之路。

當永旭的業績往上成長，躋身到大型保經公司之後，范董在一次營運長經營會議上說過一句話，讓人至今都印象深刻。范董說：「現在開始，永旭已經可以開始準備打『大聯盟』了。」正是這句話，讓大家看到范董個人的格局、公司的格局，以及看待保險市場的格局已經跟以前不一樣了。

范董非常清楚，「不成長，就等著被淘汰！」永旭未來的成長，還有極大的空間。首先，就是人員。儘管從保經公司登錄人數來看，永旭幾乎已經是全國數一數二的地位，但是，如果與傳統保險公司業務員大軍相比還是差一大截。范董請同仁做了一個表，把所

有保險公司的登錄人數也納入排名，這張表就是范董所謂「大聯盟」的意義。

以前業者傳統的觀念就是保險公司業績規模大，人數多，是「大聯盟」，而保經代公司業績規模小，人數少，且多「散兵游勇」，被歸類在「小聯盟」。在這份表格中，第一名是國泰人壽，有六萬多位登錄業務員，永旭則是位居第六名，只有七千多人。

范董說：「營運長問我『你要把公司帶到哪個方向』時，我的答案就是『未來，從現在開始』，從今以後要去跟所謂的大聯盟比了，不知道以後會是誰怕誰！大聯盟的龍頭老大國泰人壽，目前業務員就有六萬多人。我們五年的中程目標是一萬五千人，我相信到那時候，憑藉著永旭有一萬五千業務員部隊，加上我們對各保險公司業績的掌控度，保險公司加碼的配合度，拚起來一定充滿挑戰和成就感。」

保經公司要實現持續成長與穩定獲利，核心在於透過規模經濟來提高效能。我們透過持續擴充人力，推動

銷售業績的成長，從而取得保險公司合約內的超額獎金。而這些獎金，實際上是大家共同努力的成果，公司並沒有將之獨自留存，而是與業務員分享，讓每個人都能享受到成長帶來的回報。人數的增加對我們來說是關鍵的競爭力，也讓公司具備更大的市場影響力。

對保險公司而言，業績的成長意味著雙方合作的深化，這對於彼此都是利多。而對我們來說，這增強了整體實力，為業務員的職業發展提供了更大的機會。能夠獲得超額獎金並非易事，它是業務實力的體現，而永旭憑藉卓越的能力，讓這一成果得以實現並惠及每一位業務員，這也正契合了范董所提倡的「未來從現在開始」的理念，為公司未來的發展奠定堅實的基礎。

不過，儘管打「大聯盟」是永旭的未來目標，但范董也強調，對他跟呂總來講，不論是現在或未來，最大的核心目標都是要幫夥伴們賺到錢。「唯有夥伴們先賺錢，我們才會賺錢；他們成長，我們才會成長，」他說。

2. 未來目標（二）：永旭的永續之道

圖 9-3　高瞻遠矚，為永旭規劃下一個十年計畫。

　　既然保經公司將取代保險公司已成為業務通路的主流，將成為保經界龍頭的永旭要如何從優秀到卓越？雖然公司係以營利為目的，但也要推動社會責任（ESG），甚至「2030永續發展目標」（SDGs），增進公共利益以迎接挑戰，范董已經默默地規劃起未來的藍圖。

一、建立更有韌性的組織架構。

1.「人才永續」。良好的公司治理是企業的責任，而人才是公司最重要的戰略資源，永旭除了持續隨著公司規模，投入更多的資源招募及培訓優秀的人才，也要清楚人心所向，讓公司上下利益與共，才能留

住人才。

2. 「擁抱壓力」。輝達（Nvidia）創辦人黃仁勳說：「想成功，就必須承受苦難。」未來的競爭愈加激烈，除了公司治理、社會責任還有環境永續，壓力不可避免。但是成就感伴隨的意義在於必須有某些痛苦和付出，所謂「痛快就是痛苦之後的快樂」，所以不要抗拒壓力，反而要擁抱壓力、提升自己的能力。

3. 「法規遵循」。保經公司的營業額越來越具規模，主管機關的監理力道也更強。然而，ESG 概念的實踐，

圖 9-4　迎接保經公司成為銷售保險商品通路的新紀元，歡迎加入永旭保經公司，我們已經準備好了！

最基本反映在公司有確實遵守各種法令規章及倫理規範。配合主管機關的金融檢查，成立講師培訓團，落實 KYC（Know Your Customers）加強業務人員的教育訓練，以多元化的教育訓練，服務更多元化需求的客戶。

二、強化軟、硬實力。

在「軟實力」上，有四個面向：

1. 在「學習力」方面：職場負責人的能力再提升，不只要量變，更要包括身心靈的質變。美國脫口秀天后歐普拉（Oprah Winfrey）曾被媒體形容「擁有地獄般的童年」，但是她沒有抱怨：「或許我正踏在地雷區，但如果這沒有要了我的命，我就會繼續成長。」因此，越早建立學習力的習慣，它帶給你在職場的競爭力也會越大。

2. 在「改革力」方面：制度是為了人而存在的，制度要持續優化，留下優秀的人才，引進外部專家，創造

和諧的工作職場。在尋找人才方面會碰到「你有沒有辦法找到這些人?」、「找來之後有沒有辦法用他?」等考驗,而且找到人之後,還得解決新舊團隊融合的難題,避免同事因彼此競爭造成網內互打,發生內耗對公司治理無益。

3. 在「影響力」方面:透過希望工程慈善協會,打造公司與社會的良好互動。付出與獲得,不是兩極,而是一體的。培養同事注意環境的永續發展觀念,工作與生活、職場與家庭,與我們的人生也是一體的。由老闆影響到員工,讓員工影響到家庭、社會,亦即每一個永旭人都是永旭的形象大使。

4. 在「文化力」方面:當企業成長到一定規模,組織越來越大,人才來自四面八方,領導者就必須建立文化,凝聚向心力。也就是著眼在共同,去接受彼此的不同,讓他們對公司產生信任感和忠誠度。領導者也可以重塑文化,砍掉不適宜的文化,重新決定企業願景。公司的核心價值在分潤、讓利、共享,

也包括知識、能力與態度的共享，具體的做法就是非股東分紅制度的位階分紅制度。

在「硬實力」上，也有四個面向：

1. 在「策略力」方面：協助公司經營階層分工，強化政策研討，永旭已經是一家七千人、營業額數百億的大公司，要逐漸淡化人治色彩，強化集體智慧的運作。永旭和旗下的業務員都有一大堆抱負，但是這些渴望、價值觀、目標，可能是相互抵觸的，因此要懂得取捨，忍痛放棄一些本來的想法、願景甚至信念，才能設計出解決的方案。

2. 在「組織力」方面：公司要從很大到非常大，策略的制定並不是要讓人動彈不得，而是要懂得取捨。不只是要把熟悉的事情做到精，也要練習陌生的事情，學習新的技能。所以要強化總公司各部門的協調及KPI 機制、各幕僚長的專業分工、各職場負責人的領導統御，以及照顧各基層員工的福利計畫等。

3. 在「提升銷售力」方面：要強化辦公職場的功能，

以協助同仁業務發展，提升業務人員的專業，保單的品質管理，建立營運流程。年輕人強在有創意，不刻意討好所有人，才能脫離原本的賽道；而年長者強在閱歷，未來銀髮力大爆發，他們的閱歷豐富、無可取代，因此銀髮族的推銷智慧和經驗分享值得大力擁抱。

4. 在「打造品牌力」方面：品牌力是除了商品本身的價值之外，業務對公司認同感的競爭力。當公司的規模已經超過百億，就必須開始說故事，企業需要公關、建立雇主品牌，開始跟所有利害關係人對話，證明自己的價值所在。從落實「我的事業讓我享受人生」的口號，到培養更多 MDRT、COT 甚至 TOT 的業務高手，以千萬年薪俱樂部為基礎，及不同階段的各種貢獻，建立永旭名人堂，永旭不僅要豎立標竿，更要建立里程碑。

就如同范董在 2024 年 7 月 17 日的個人臉書上，貼出永旭這二十年的成長軌跡之後，也同時留下了「憶

往昔，崢嶸歲月二十載；看明朝，勵精圖治更美好」

兩句話，期勉永旭能夠在未來五年，達到實收資本額 3

億元、登錄人力達一萬五千人，年營業額達 500 億實

收保費，同時，他在心目中已經規劃起永旭未來十年

的藍圖了。

圖 9-5 「憶往昔，崢嶸歲月 20 載；看明朝，勵精圖治更美好」，范
董揮旗誓師，永旭的目標就是永續。

國家圖書館出版品預行編目資料

未來從現在開始：分潤、讓利、共享，永旭保經以人為本的經營哲學/
范國樑著. -- 初版. -- 臺北市：商周出版：英屬蓋曼群島商家庭傳媒股份
有限公司城邦分公司發行，2024.11

面； 公分. -- （新商業周刊叢書；BW0856）

ISBN 978-626-390-332-6（平裝）

1.CST: 永旭保險經紀人股份有限公司

563.72933 113016097

新商業周刊叢書 BW0856

未來從現在開始
分潤、讓利、共享，永旭保經以人為本的經營哲學

作　　　者／范國樑
責 任 編 輯／鄭凱達
版　　　權／吳亨儀
行 銷 業 務／周佑潔、林秀津、林詩富、吳藝佳、吳淑華

總　編　輯／陳美靜
總　經　理／彭之琬
事業群總經理／黃淑貞
發　行　人／何飛鵬
法 律 顧 問／元禾法律事務所 王子文律師
出　　　版／商周出版　115020 台北市南港區昆陽街 16 號 4 樓
　　　　　　電話：(02) 2500-7008　　傳真：(02) 2500-7579
　　　　　　E-mail：bwp.service@cite.com.tw
發　　　行／英屬蓋曼群島商家庭傳媒股份有限公司　城邦分公司
　　　　　　115020 台北市南港區昆陽街 16 號 8 樓
　　　　　　讀者服務專線：0800-020-299　24 小時傳真服務：(02) 2517-0999
　　　　　　讀者服務信箱 E-mail：cs@cite.com.tw
　　　　　　劃撥帳號：19833503
　　　　　　戶名：英屬蓋曼群島商家庭傳媒股份有限公司城邦分公司
訂 購 服 務／書虫股份有限公司客服專線：(02) 2500-7718；2500-7719
　　　　　　服務時間：週一至週五上午 09:30-12:00；下午 13:30-17:00
　　　　　　24 小時傳真專線：(02) 2500-1990；2500-1991
　　　　　　劃撥帳號：19863813　戶名：書虫股份有限公司
　　　　　　E-mail: service@readingclub.com.tw
香港發行所／城邦（香港）出版集團有限公司
　　　　　　香港九龍土瓜灣土瓜灣道 86 號順聯工業大廈 6 樓 A 室
　　　　　　E-mail: hkcite@biznetvigator.com
　　　　　　電話：(852) 25086231　傳真：(852) 25789337
馬新發行所／城邦（馬新）出版集團 Cite (M) Sdn. Bhd.
　　　　　　41, Jalan Radin Anum, Bandar Baru Sri Petaling, 57000 Kuala Lumpur, Malaysia.
　　　　　　電話：(603) 9056-3833　　傳真：(603) 9057-6622
　　　　　　E-mail: services@cite.my

封 面 設 計／兒日設計
印　　　刷／鴻霖印刷傳媒股份有限公司
經　銷　商／聯合發行股份有限公司　　電話：(02) 2917-8022　　傳真：(02) 2911-0053
　　　　　　地址：新北市新店區寶橋路 235 巷 6 弄 6 號 2 樓

■ 2024 年 12 月 19 日初版 1 刷

城邦讀書花園
www.cite.com.tw

定價：400 元（紙本）／ 280 元（EPUB）　版權所有‧翻印必究（Printed in Taiwan）
ISBN：978-626-390-332-6（紙本）／ 978-626-390-330-2（EPUB）

115　臺北市南港區昆陽街16號4樓

英屬蓋曼群島商家庭傳媒股份有限公司城邦分公司　收

- -

請沿虛線對摺，謝謝！

書號：BW0856　　　　　書名：未來從現在開始

 商周出版

讀者回函卡

感謝您購買我們出版的書籍！請費心填寫此回函卡，我們將不定期寄上城邦集團最新的出版訊息。

姓名：_____ 性別：□男 □女

生日：西元_____年_____月_____日

地址：_____

聯絡電話：_____ 傳真：_____

E-mail ：

學歷：□ 1. 小學 □ 2. 國中 □ 3. 高中 □ 4. 大學 □ 5. 研究所以上

職業：□ 1. 學生 □ 2. 軍公教 □ 3. 服務 □ 4. 金融 □ 5. 製造 □ 6. 資訊

□ 7. 傳播 □ 8. 自由業 □ 9. 農漁牧 □ 10. 家管 □ 11. 退休

□ 12. 其他_____

您從何種方式得知本書消息？

□ 1. 書店 □ 2. 網路 □ 3. 報紙 □ 4. 雜誌 □ 5. 廣播 □ 6. 電視

□ 7. 親友推薦 □ 8. 其他_____

您通常以何種方式購書？

□ 1. 書店 □ 2. 網路 □ 3. 傳真訂購 □ 4. 郵局劃撥 □ 5. 其他_____

您喜歡閱讀那些類別的書籍？

□ 1. 財經商業 □ 2. 自然科學 □ 3. 歷史 □ 4. 法律 □ 5. 文學

□ 6. 休閒旅遊 □ 7. 小說 □ 8. 人物傳記 □ 9. 生活、勵志 □ 10. 其他

對我們的建議：_____

_____

_____